武器としてのスペック表

一条工務店 所長
堤 一隆

自由国民社

はじめに

「他社の商品も見たいので検討します」
これは営業をしていれば、よく言われる言葉です。
「説明を尽くしたのに…」と思い、意気消沈する営業マンを私はたくさん見てきました。

さっそくですが、この本は
売れなくて悔しい思いをしている営業マン
のために書きました。
つらい思いをした営業マンが強力な武器・スペック表（営業ツール）を手にし、その力を最大限に活かし、新時代に通用するコンスタントプレーヤー（継続的に売れる営業マン）を、生み出すための本です。

そもそもスペック表とは何でしょうか？　スペックとは商品の性能のことでそれらをメー

カー別・商品別に比較したものがスペック表です。

つまり、競合他社を分析してスペック比較をし、自社優位の性能は何か、競合の優位な部分はどこかを分析するツールがスペック表であるといえます。

このツールを顧客に見てもらうことで、自社商品の優れている点を、比較検討してもらい、商品を購入してもらうのが本書の目的です。

しかし、私は注文住宅の営業マン・所長として、売れなくて悩んでいる営業マン、一時売れたけれど現在伸び悩んでいる営業マンの多くに、例外なく共通していることを見てきました。

それは、ほとんどの営業マンが競合他社に対して、「無関心」だということです。

一部の方は、「そんなことはない」という反論もあるかとは思いますが、それでは質問です。

競合他社商品の仕様を、自社商品と同じくらいに理解していますか？

ＹＥＳと答えられた方は、すでにコンスタントプレーヤー（継続的に売れる営業マン）だと思われますので、この本を読んでいただき、さらなるレベルアップに、繋げていただけたらと思います。

おそらくＮＯと答えられた方が、大半ではないかと思います。

実は、この本のタイトルは、執筆に入るかなり前から、編集長と新時代の営業手法に関して、激論を交わしたことがあり、その時に決まりました。

その後企画会議で、「営業」というワードが、タイトルに入っていないと「営業本だと分からないのでは？」「実際に営業で悩んでいる方に、手に取っていただけないのでは？」という意見が多数あり、タイトルが、変更されそうになった経緯があります。

市場に「スペック表」に関する類書が無いので、当然のことだと思います。

結果的には『武器としてのスペック表』というタイトルに決定したわけですが、あえて「営業」というワードを外してまで、このタイトルにこだわったのには、編集長と私の非常に強い思いがあります。

孫子の有名な、教訓

「敵を知り、己を知れば、百戦して殆《あや》うからず」

孫子は、戦いの際に、敵の長所・短所を知ることと、自身を客観的に知ることの大切さを説いていますが、まさに情報化時代においてこの教訓ほど、当てはまるものは無いのではないでしょうか？

極端な話、「じゃんけんぽん」をする前に、相手がグーを出すと、事前に分かっていれば、パーを出す準備をしておけばいいのですから。

つまり、営業マンだけでなく、経営層も、技術者もすべてのビジネスパーソンが把握すべき情報がスペック表なのです。

ただ、本書は営業マン向けの本ですので、コンテンツは営業マン向けに作成しました。

それでも多くの方々に気づきを与えるきっかけになればと思います。

さて、私の経験上、多くの営業マンは、自分の会社の商品知識を頭に詰め込む作業と、自身の営業技術を磨くことに精一杯で、競合他社商品の知識や競合他社の技術の状況、長所・短所をリサーチすることに時間を割こうとしません。

しかし、実は相手（競合他社）の手の内をリサーチしていくことの方が、今の時代、自身の営業技術を磨くことよりも有用な場合がたくさんあるのです。

この本では「顧客を説得する」のではなく競合他社商品と、自社商品を「意識的に比較」させることにより、顧客自らの決断で、自社商品を選んでもらえるようになるスキームの作り方、使い方を分かりやすく書いています。

その唯一無二の最強ツールがこそが、「スペック表」なのです。

ただ、

「スペック表を作るだけで、本当に売れる営業マンになれるの？」

こんな声が、聞こえてきそうです。

大丈夫です。

「一点集中」です。

どんなことでも一つのこと、それだけに集中して、取り組んでいくととてつもない力を発揮するものです。

「涓滴岩《けんてきいわ》を穿《うが》つ」という、ことわざがあります。

読んで字のごとく、**たとえわずかな水のしたたりでも、絶えず流れていれば岩に穴を開けることができる**という、意味です。

ただし、ビジネスの場合は、営業戦略（方向性）が正しくなければ、決して成功することは、できません。

現在は、インターネット全盛の時代です。

ひと昔前の時代のように、顧客が商品を比較せずに購入することはまず無いでしょう。高額商品であればあるほど、類似商品の比較は、顧客にとっては必ず行う「消費のための事前行動」と言っていいでしょう。

そして、価格.comや、食べログ、SNS等のように、比較サイト・アプリが無数に存在しています。もはやこれが、スタンダードの世の中なのです。

ですから顧客（企業）は、商品比較をしなければ、商品を購入する可能性は低いといえます。

であれば、この「スペック表」1点を、海溝のように深く掘り下げて、営業ツールとして体系的に学び、作成して、活用することができれば、「最強の武器」となるのです。

『武器としてのスペック表』のタイトルは、まさにここから生まれたのです。

私は、一条工務店というハウスメーカーで営業現場29年（プレーヤー歴15年　マネージャー歴14年）を経験しており現在も所長という立場でマネジメントをしております。

プレーヤー時代は約2000名の営業マンの中で、トップグループ0・5％以内の成績を、何度も出しております。

そして、700冊近くの営業本・自己啓発本を読破して様々なツールや手法を試しては、改善することを繰り返してきました。

マネージャーとして、部下指導において、短期間でトップセールスマンの輩出や、成績が振るわない営業マンをゼロ名にしてコンスタントプレーヤーに育成した経験も、何度もあります。

その時もやはり、ツールや手法を活用した1点集中の営業戦略（手法）でした。

この「武器としてのスペック表」は、時代背景に合った最強ツールであると断言します。

皆さんがこの新時代最強ツール（武器）を使い、営業マンとしてのステージアップを果たして、真の騎士（最強ビジネスマン）に昇華されんことを、心から願ってやみません。

『武器としてのスペック表』目次

第2章 選ばれるためのスペック表の作り方

第3章 スペック表の活用及びメンテナンス作業

第4章 スペック表を武器として使うアプローチ方法

序章

そもそもなぜ営業マンは必要なのか?

まずは自社の強みを押さえよ

突然ですがあなたの会社の強みはなんですか？　逆に弱みはなんですか？

唐突な質問で失礼致しました。

ただこの質問に答えられることこそが、売れる営業マンになるために最も重要な要素なのです。

さらに言うならば、経営者の思いと営業マンのベクトルが重なり合うことができれば、営業マンは継続的に売ることができ、企業は永続的に発展していくのです。

この本は、企業からコンスタントプレーヤー（継続的に売れる営業マン）を輩出するための本であります。

同時に企業の売り上げを継続的に伸ばしてくための本です。
多くの伸び悩んでいる会社の営業マンの方には、ぜひ読んでいただきたい内容となっております。

「ウチには強みなんて無いから売れないいんだよ」
「大手企業には太刀打ちできない」

気持ちは分かりますが、果たして本当にそうなのでしょうか？

中小企業庁が公表しているデータでは、創業した中小企業の5年後の生存率は40％と言われておりベンチャー企業に至っては創業5年後の生存率は15％であり、10年後は6・3％とも言われています。

何が言いたいかと申しますと、会社が創業から5年以上存続して営業活動ができているということは何かしらの「強み」が必ずあるということなのです。

しかし、営業活動を継続的に行っていくほど他社との競争を余儀なくされるのが、営業マンの宿命です。

他社の優位性に目が止まってしまったり、会社の商品やサービスが何らかの社会的課題を解決するために生まれたことを見落としがちになってしまいます。

一度まずは自社の強みがどこにあるのか、立ち返って考えてみましょう。

取り扱う商品の強みは、

「安さ」でしょうか？

「技術力」でしょうか？

「製品のスペック」でしょうか？

会社の強みは、

「意思決定の早さ」でしょうか？

「地元密着」でしょうか？

すぐに思いつかなければ、会社の先輩にしっかりと聞いてください。

自社が他社に比べて優位な部分が必ずあるはずです。

この本ではその「強み」を知って、勝つためのノウハウを実例（スペック表）を差し込みながら、余すことなくご紹介する本となっております。

なぜ、私が会社の強みを知ることを提案するのか？

そのことを説明するために、私の会社のお話を少しだけさせていただきます。

私が勤務している会社・一条工務店は、今でこそギネスワールドレコーズ世界記録トリプル達成（最新年間で最も売れている注文住宅・最新年間で最も多くの太陽光搭載住宅を建てた会社・最大の工業化住宅工場）の業界No.1の大手ハウスメーカーですが、私が営業マンとして活動した30年近く前は、そこまで名前の知られていない1ハウスメーカーにすぎませんでした。

ですから有名メーカーがゴロゴロいる住宅業界で、顧客に選んでもらうためには、自分たちの強みを熟知し、それがいかに顧客にとって必要なことなのかを理解してもらうしかなかったのです。

そして、私が当時認識していた「強み」は、二つありました。

一つ目は防腐防蟻対策に関しては業界№1でした。

二つ目は天井高で、275センチメートルあり、こちらも業界№1でした。

現在でも防腐防蟻対策は顧客の重要な項目ですが、当時は今よりも全体的に家の耐久性能が低く、この問題は根深かったのです。

また、天井が高いということが、家のスペースに開放感を与えます。

同じ坪数でも天井が高い家の方が広く見えますし、それによりリラックス効果を高める効果も期待できます。

会社の方針としてマス広告等へは一切の資本を投入せずに長寿命住宅（自社商品）を通じて人が安全・健康・快適に暮らすことのためだけに、商品開発を継続していました。

そして会社の熱い思いとシンクロしながら会社の「強み」「弱み」をしっかりと認識してそれを自分自身の営業の武器として営業活動に全力で打ち込んでいたのです。

繰り返しになりますが、会社の強みとしては、資金をマス広告に振り向けず、さきほどの強みに資金を振り向けてきました。

腐り・シロアリという「不」の部分を取り除き、ゆったり感という「快」を与えるこれらの強みを全面に出して、顧客に訴求したのです。

そして、弱みは、マス広告を打たないことによる、知名度の低さです。

知名度が低いのは結構大変で、まず顧客の選択肢の中に「一条工務店」が無い状況なのです。

例えば、「〇〇ハウスは結構宣伝をやっているし、まずそこを見に行こう」となっていると、顧客にある程度商品も知られていて、信頼もある状況なので、営業としてはすでに戦いやすい土壌ができています。

また、そういった大手ハウスメーカーが「〇〇%値引き」をすると、それも強みになり、顧客はそちらに流れていきます。

しかし当時の会社にはその知名度が無い状況です。

ですから、**来てくださる顧客に対して、社会的ニーズに対応した自社の強みを理解していただくことに全力を注ぎ、数少ない接点のチャンスをフル活用していました。**

ただ、必死になればなるほど、顧客は少し引き気味になります。

なぜなら、家は一生で一番高い買い物の一つです。営業マンが熱心に売ろうとすればするほど、顧客は逆に不信感を覚え、敬遠されてしまうのです。

そういった状況に悩みながら、どうすれば、自社の強みをストレートに受けとめてもらえて、かつ信頼され、そして、高い買い物である家を買っていただけるか？

私も若い頃は自社の強みを全面に押し出して熱く語りました。もちろんそれに共感してくれ、契約してくれるお客様もいました。

ただ肌感で6割ほどの顧客から、

「君の会社の良いところはよく分かった。他の会社もよく見てから検討するよ」

というようなことを言われ、結局断られたことが少なくありませんでした。


そのような経験をしていく中で気がついたことがありました。

顧客は未知の商品に対してはどんなに良い商品だと認識しても、他の商品と比較したりその商品の業界でのポジショニングが腹落ちしない限り結論を出すことはできないということです。


顧客と話していく中で、性能・デザイン・価格等を理解していたとしても比較は必須なのだということに気づきました。

まして一生に一度のタイミングで購入する住宅ならなおさらです。

そのような教訓から私は自社の強みを話す時には必ず他社商品を念入りにリサーチして自社商品の強みをデータで引き合いに出してアプローチするようにしてみました。

するとそこから、**ほぼ9割の確率で契約を量産することができるようになった**のです。

これが私にとっての「スペック表」との出会いだったのです。

そしてそこに記載するのは、客観的なデータです。

それを見てもらうことで、一番高い買い物である、家を納得して購入してもらえるのではないかと考えました。

もちろんスペック表を作っただけで、営業がうまく行くわけではなく、営業活動の一連の流れの中で使うツールにすぎません。

大前提として、マナーや話し方が重要であることは言うまでもありません。

ただ、それらは営業研修を受けたり、経験を積んでいけば、ほぼ差が無くなってきます。

顧客に、家の購入を決めてもらうためには、信頼されることが最重要ですが、そのためのツールこそが「スペック表」なのです。


ですから私は当時、知名度の低さをカバーすべく、これから紹介するスペック表を使って営業をしてきました。


先ほどお話ししましたが、会社の知名度は低かったのですが、家におけるスペックでは大きな強みがいくつかありました。

しかし、すべてのスペックにおいて他社を凌駕できるほどではありませんでした。

ですから、特に自社がお客様のために力を入れた部分がクローズアップされるようにスペック表を活用したのです。

結果として私はコンスタントプレーヤーを維持しながら、全国2000名の営業マンのトップ0・5%の成績を継続的に出すことに繋がり、営業現役時代は個人で45億円の売り上げを叩き出すことができたのです。

現在は所長として約30名以上の営業マンの個人成績を全国アベレージ（全国営業マン約3000名）でワーストだった営業所を、約2年で全国3位に押し上げました。

実に驚異的な成果へと繋げることができ、再現性の高いものへと昇華させることに成功したのです。

そして会社の「強み」「弱み」「経営と営業のシンクロ」のために最も適した最強ツールこそが「武器としてのスペック表」なのです。

この最強ツールを手に入れて、会社と営業マンが永続的に共にシンクロしながら昇華され大きく成長されることを心から願ってやみません。

営業マンこそ社会的課題の解決者だ

SNSやネットがこれだけ普及した現代、世の中はその情報を見て商品を顧客が決めるという顧客優位の時代になりました。

ホームページや、SNSの情報から、会社に問い合わせを入れたり、ECサイトから商品を買う顧客も増え、「プル型営業」という言葉もでてきました。

ただ、社会の情報量はものすごい勢いで加速し、顧客は逆に選択肢がありすぎて選べない状況になっています。

こんな時代だからこそ営業マンがお客様の悩みを聞き、それにあった自社商品を提案するべきなのです。

「自社にはそういった優れた商品が無い」
そういう意見も聞こえてきそうですが、考えてください。

この時代に著しく劣った商品やサービスを見たことがありますか？

例えば私の所属する住宅業界で、中堅企業が建てる家が、「すぐに壊れてしまう」「シロアリが大量発生する」などといったことは聞いたことがありません。

もしそんなことがあれば、それこそSNSで情報がたくさん拡散され、あっという間につぶれてしまうでしょう。

日本の会社はどの業界も切磋琢磨し、技術ではそうそう大きな差がつきにくい昨今になっています。

ですから、あなたの会社のある部分が顧客が抱えている悩みを解決するのであれば、それを全面に押し出し、営業をしていいのです。

そういう意味で、自社の商品を信じることが重要なのです。

そしてそれこそが、顧客を幸せにするのです。

顧客の悩みを直にヒアリングでき、その悩みに対してソリューションをすぐに出し、信頼と満足度を上げることはインターネットにはできません。

目の前にいる営業マンであるあなたしかいないのです。

そして、私たち営業マンが、顧客の課題を解決し続けることができれば、顧客も幸せになり、それによって売上高も上がり、会社も豊かになります。結果的に社員の給料も上がり、社員もその家族も幸せになることができるのです。

初回の営業で信頼を得る

これまで、スペック表を活用して顧客から信頼と安心を勝ち得ると論じてきました。

この目的を達成するためにぜひ頭に入れていただきたいことがあります。

それは営業は「初回接客が命である」ということです。

ネットで事前に情報を探すことができる昨今、ある程度のあたりをつけて顧客は会社にくるのです。

その初回接客において、顧客が期待している商品に対しての掘り下げた説明を営業マンができなかったらどうでしょう？　信頼を失い二度とアプローチできる機会が無くなる可能性が高くなります。

ですから対面営業はこれまでになく、ハードルが上がっており、最初の接客の第一印象が命になっています。

しかし、逆もしかり。

初回の営業で顧客の求めることをヒアリングし、それに対応できる知識・商品を用意することができれば、信頼を得ることができます。

そして、その際他社の情報もまとめて入っている資料なども見てもらうことで、比較検討も同時にしていただくことができるのです。

認知→比較・検討

の流れまで一気に話を進めることができ、購入率を上げることができます。

嘘はつけない、間違ったら信頼を失うという大きなハードルがある時代である一方、しっかりと準備し、初回接客でお客様の信頼を得ることにすべてをかければ、大きなリターンを得ることができます。

対面営業の重要性をしっかり押さえ、準備を入念に行いましょう。

第1章

売れる営業はなぜスペック表を武器としているのか

スペック表は時代背景にあった最高の武器になる

現代はネットやSNSで簡単に商品の情報を検索できる時代です。

例えば、お馴染みの「価格.com」で検索すれば、商品別の最安値比較など簡単に割り出すことができます。

特に高額商品になればなるほど、顧客は事前リサーチにより価格・商品スペックなど、様々な角度から比較をして、購入する商品を決めるでしょう。


そんな時代背景だからこそ、スペック表は最高の武器になりえるのです。

一見顧客が優位に思われますが、実はスペック表こそ営業マンにとって最強の武器（営業ツール）なのです。

商品名	A	B	C	D	E
書影	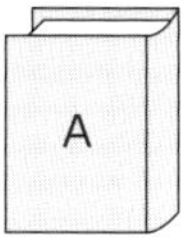	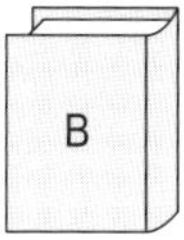	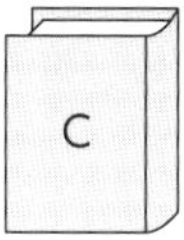	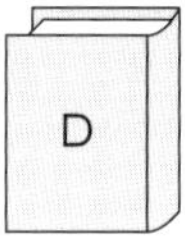	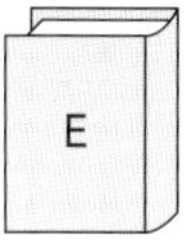
ページ数	192	176	208	224	240
本体価格	1500	1400	1500	1600	1700
イラスト・図版	5	10	4	10	7
著者の知名度	○	○	◎	○	◎

「はじめに」でも説明しましたが、改めてスペック表とは何かを説明します。

スペックとは商品の性能のことで、それらをメーカー別に比較したものが、スペック表です。

分りやすく本の仕様で比較してみましょうか。

AからEまでの書籍があるとして、ページ数、本体価格、イラスト・図版の数、著者の知名度などで比較すると上表のようになります。

もちろん実際の本は中身の良し悪し、著者の文章力、コンテンツ力などもっと多くの事象が影響を与えるので、これらのように単純化することはできませんが、分かりやすく表現するため、ここではこういった比較をしてみます。

ただ、上の表を皆様に見ていただくことで、どの商品が秀でているのか、客観的に説明できるのではないでしょうか？　単純に陳列されているよりもどの本がページ数のわりに単価が安く、イラスト・図版の数が多いかなど比較できるでしょう。

まずは出版業界についてのスペック表を説明しましたが、こういったスペック表を自分の業界にカスタマイズすれば、自社商品優位のポジションを論理的に示すことができると思いませんか。

もちろん、スペック表に掲載する商品は、商品そのものが良いものであるということが、前提です。

悪い商品を売りつければ売りつけるほど、レビューで悪いことを書かれてしまいますし、信頼もなくなっていくでしょう。

ですから、比較検討してもらうのは、自社の得意とするスペックが搭載された商品であるべきです。

私が所属する住宅メーカーを例に挙げますと、A社（自社）は窓サッシの性能がずば抜けて良いとします。B社は外壁、C社はキッチンとします。

競争が激しくなると多くのメーカーの営業マンは、自社アピールに必死になりがちです。

さらにエスカレートしていくと、競合他社の欠点を顧客に話してしまいます。

あなたがA社に所属している場合、窓サッシがなぜ住宅において超重要なのかを説明してください。

例えば、

戸建て住宅の断熱性能のおよそ6割は窓で決まると言われております。

具体例として冬は窓からおよそ50％の暖気が逃げていきます。夏は外気の熱がなんと75％も窓から室内に伝わります。

断熱性能においていかに窓が重要なスペックかお分かりいただけましたでしょうか？

一般的な建物で、実際に中に入って窓に近づいてみるとよく分かります。冬は冷気、夏は熱気が強く感じられることと思います。

というように伝えましょう。

こうして、窓サッシの重要性をしっかり顧客に認識してもらった上で、窓の性能に特化した「スペック表」を用意しておき、話を進めていくことで、双方がスムーズに、そして納得して、商談を進めることができます。

スペック表には窓性能から割り出した、光熱費の比較にまで及んでいるとします。

そうすると、他社の欠点を説明せずとも、スペック表を顧客が見て、一番良いものを判断します。

そして、多くの顧客は、競合他社の悪口を言う営業マンを信頼はしません。

それこそ、「うまいこと契約をしようとしてしているのではないか」と身構えられてしまい、顧客の信頼を失う可能性が高いでしょう。

C社：キッチン　B社：外壁　A社：窓サッシ

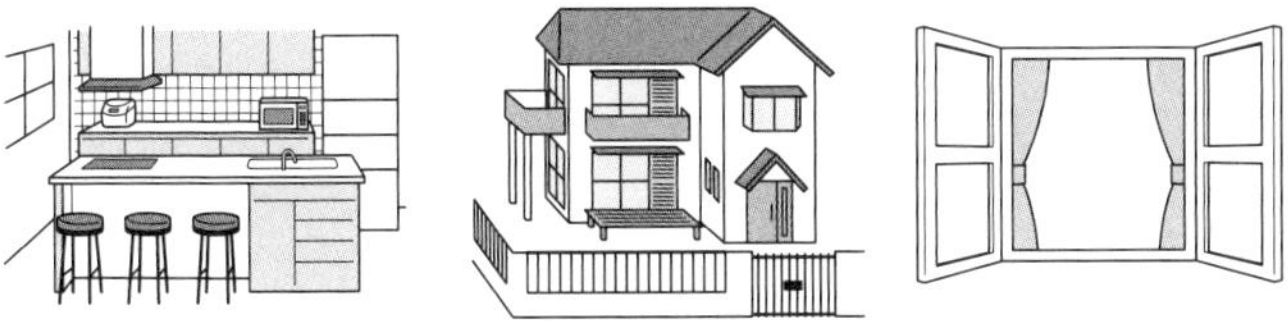

窓の利点

- 戸建て住宅の断熱性能はおよそ6割は窓で決まる
- 冬は50%の暖気が窓から逃げる。逆に夏は熱が75%も窓から伝わるため、窓は超重要!

スペック表を作れば、そういったことを言わずとも、自然と競合他社は、顧客の購入リストから外れていくのです。

このようにスペック表は営業マンにとって最強の武器になるのです。

比較サイトの戦略を自社業界にカスタマイズすれば売れる

価格.comはインターネット上で、瞬時に最安値を比較することのできるサイトです。購入商品が決まっている顧客は、最後に価格最安値を探して購入します。

逆にまだ商品が決まっていない顧客は、レビューを見たりして、スペック比較します。

情報社会においては、「比較すること」は常識です。

にもかかわらず、いまだに、自社商品のみを一生懸命アピールする営業マンが少なくないと聞きます。

なぜこうなるのか、一旦整理してみましょう。

例えば、営業マンが、他社商品の長所ばかりを話せば顧客は、競合他社へ流れてしまう可能性が高くなります。

かといって他社の短所ばかり並べれば、顧客に「自社商品を売りつけようとしている」と捉えられる可能性が、高くなるためです。

ですから、ついつい顧客の前で他社を批判してしまうリスクを避けるために、「自社商品のことだけを、話した方がいい」と考えてしまうのです。

また、まじめな日本人の気質もあるかもしれません。

そもそも他者（他社）を蹴落とすということを、悪い事と考える文化が日本にはあります。

それ自体はとても素晴らしいことだと思いますが、それゆえ他社研究が疎かになり、競合他社への対策が甘くなるという負のスパイラルに、飲み込まれていくのです。

こういったことを防ぐために「スペック表」を作ればいいのです。

スペック表は資料ですから長所・短所の両方を顧客の目で確認ができます。

また資料には数字が書いてあるので、顧客にも理解されやすいでしょう。

「しかし、それでは自社より全体的にスペックの優れている他社に負けてしまうのでは？」という疑問が出てきますよね？

そんな時こそ比較サイトのことを考えてみてください。

ネット上には様々は比較サイトがあります。

「レビュー」比較などをみると、比較サイトによりその商品の評価が違いませんか？

それぞれのサイトには特徴があり、価値の軸が違うためこういったことが起こります。

ですから、顧客に選んでもらえる方法は「自社を選んでもらえるようなスペック表」を作ればいいということになります。

それには最初にお話ししたように、顧客の最も望んでいるものを知ることが重要なのです。

どういった価値を重視しているのかをヒアリングし、それに基づくものである必要があります。最初は顧客が望むスペック表を作ることは事例が溜まっていないので難しいかもしれません。ですから、上司に顧客によく聞かれることを事前に確認しましょう。そうすることで、質問される頻度の高い質問を割り出せます。そしてそれに基づいたスペック表を事前に必ず作りましょう。

例えば、「断熱性能についてよく聞かれる」「ローンの金利について聞かれる」といったことが分かれば、それらのスペック表を作り、顧客に見せれば良いと分かってきます。

お客様へのお声がけに関しては後の章でお伝えします。

当然数字の嘘や明らかに偏りのあるスペック表はダメです。

しかし、営業マンの皆さんなら、自社を気に入ってもらえるような、スペック表は簡単に作れるはずです。

なぜなら会社の営業会議で開発担当者から自社の有力な性能を日々レクチャーされているのですから。

顧客は商品比較をしなければ決められない

営業をやっているとこんな経験はありませんか？

最高のアプローチをすることができて、後日アポを取得することができ、自社資料を作り、万全の体制で臨んで、プレゼンができた。

顧客の反応も良かったのにもかかわらず、
「ありがとうございます。御社の商品の素晴らしいのはよく分かりました。他も参考にさせていただき、じっくりと検討して答えを出します」
と言われたことはありませんか？

これは高額商品であるほどよく聞く話です。

たしかに、しっかり比較検討していただき、後日「やはり御社の商品に決めます」と言っていただけるケースもあるでしょう。

ただ、検討されてその後受注に至ったケースは私の経験上少ないです。

こういった事態も含め、検討されることを回避するためにできることは何でしょうか?


その答えがスペック表を、作ることにあります。

今は、人間関係だけで受注ができることはほぼありません。

そして、何度も書いておりますが、顧客は他社の商品を見ずに、契約をするなどということをしません。

だからこそ、スペック表が有効になるのです。


スペック表には、数字が必ず入ります。

数字は物事をはっきりと選別する指標になります。

スペック表を見れば顧客は営業マンの説得ではなく、自身の判断で決めることができます。

これが武器としてのスペック表なのです。

エビデンスに基づいて作成したスペック表なので、堂々公表できるものであり、顧客に資料として差し上げることもできるツールなのです。

ただ、自社優位のポジショニングを自然と作れるかがポイントです。

顧客が腹落ちするようなスペック表の作成ができれば、「ガツガツ」アプローチをやりすぎて嫌われることもありません。

顧客が競合他社を見ずに、勝手に自社商品を、選んでくれるのです。

スペック表を活用して自社優位ポジショニングを「創れば」売れる

最近の顧客は比較サイトなどで、商品以外にもメーカー比較、営業マン比較など様々な角度から検索をかけて、来店の前にすでに絞り込み作業を終えているケースが少なくありません。

ですから来店顧客に、論理的に商品を説明できなければ、信用を得られず、競合他社に勝てない時代なのです。

そしてスペック表が、どんな切り口で作られているかが、勝負の分かれ目となるのです。

ただ大抵の営業マンが携帯しているスペック表は目的も無くスペック項目を羅列しただけのワンパターンのものが多いように感じます。

また、顧客から質問されたことを、スペック表にアップデートしない営業マンも多くいます。

自社優位な項目をクローズアップして顧客にトークをし、商品のスペックに関して顧客からの質問があった場合にのみ、スペック表を使っている営業マンもいます。

これはいただけません。

なぜなら、それらのスペック表には、目的が無いからです。

私たちは企業の営業マンです。

会社のブランドイメージを上げて、商品価値を顧客に伝えることをミッションとして働き、その結果、顧客に支持されなければ意味がありません。

その重要な武器となるスペック表を、有効に使うためにはなにより「自社優位ポジション」になるような切り口で「スペック表」を、作らなければなりません。

そうでなければスペック表を使う意味がないのです。

性能に強みのあるメーカーであれば、性能寄りのスペック表を、デザインが得意なメーカーはデザイン寄りのものを、低価格を売りとするメーカーであれば価格寄りのものを、作るのです。

自社の得意ジャンルで優位ポジションを作り、戦えば良いのです。

顧客はそれを持ち帰り自宅でも閲覧できるのですから、その効果は継続的に続いていくのです。

スペック表で競合他社に勝つ

商談において、営業マンが顧客に競合他社を悪く言うと、大半の顧客は眉をひそめます。どんなに、顧客と友好関係にあっても、競合他社の悪口を言ったがために、信頼が崩れる可能性があるのです。

前述しましたが、こういった理由から営業マンはできるだけ競合他社の話題を逸らし、自社商品の説明だけをしてしまうのです。

ただそれでは、競合他社に抜きん出て勝つことはできません。
購入のファネル図を見てください。
比較・検討は、購入のひとつ手前のステップに置かれております。

顧客は「1択」では買わず、しっかりと比較をしてから商品を購入するのです。

そこでスペック表の出番なのです。

ただ、商談の際に使い方には十分注意してください。

まずは、競合他社の、短所となる部分を予めチェックしておくか、覚えておき、顧客との商談の中で、「競合他社の短所となる部分」を話します。これは他社を直接批判するのではなく、他社の短所でかつ、自社の長所に合った直近のニュースやトレンド情報を顧客に話すことを指します。

そうやって自社のスペックの優位性を、さり気な

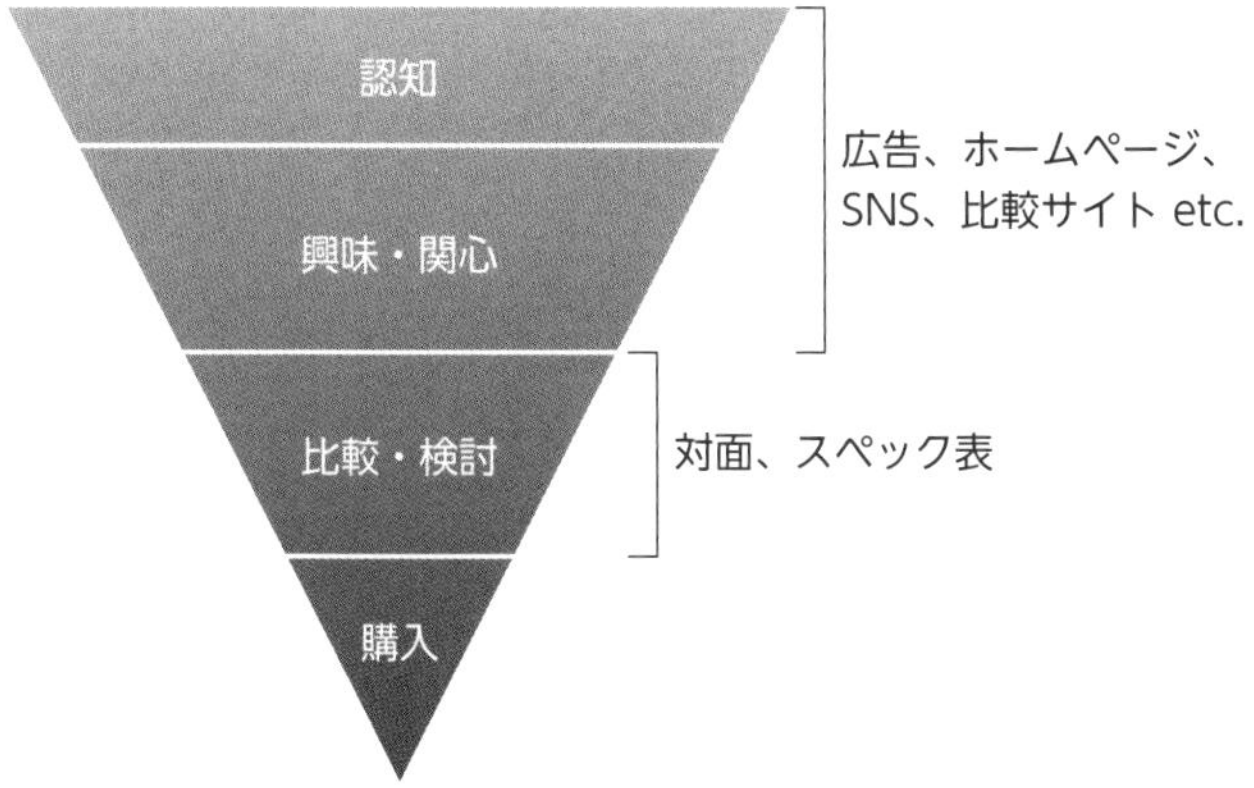

くアピールしていくのです。

ここで十分に顧客が腹落ちしたのを確認できたら、スペック表の説明に入っていくと自然かと思います。

すでに顧客は、競合他社のスペックに対して、マイナスイメージを持っていますので、スペック表を見た時に、そのメーカーは候補から、自然と外れていくと思います。

それではその会話例を記載します。

例えば、競合他社は坪単価が安いが、太陽光発電搭載の実績がほとんどなく太陽光発電価格も高めです。

一方、自社商品は太陽光発電の搭載実績が業界トップクラスで価格帯も安めであるとします。

営業「最近ロシアのウクライナ侵攻の問題などから、エネルギーコストが急激に上昇していますよね？　ロシアに輸入を依存していた欧州の地域では、毎月の電気代が10万円を軽く超えているようです。日本でも変動価格を採用している電気会社などは、同じような状況のところもあるようです。お客様のところはどうですか？」

顧客「そうなんです。生活は変わっていないのに、電気代は昨年の1・5倍にもなっているんです」

営業「これからは自給自足の備えも必要ですね」

顧客「そんなことできるんですか？」

営業「太陽光発電システムをご存知ですか？」

こんな感じで話を持っていき腹落ちしたところでスペック表を出しましょう。

会話で認知や興味・関心を引き出し、スペック表で比較・検討をしていただく流れを作ると「武器としてのスペック表」となるのです。

このように、スペック表を使用するタイミングを、見分けて使用することも一つの戦略となります。ぜひとも、試していただけたらと思います。

スペック表があれば上司の同行営業がなくても売れる

一般的な営業マンは、自社商品の説明をできますよね？　当たり前です。

現場の営業マンの方が、上司や管理職よりも、商品説明に詳しいなんてことはないでしょうか？

管理職は、経験値が高いので大抵のことは、過去の現場体験により判断を下すことができるため、直近の商品の細かいことまでは勉強していないことが少なくないようです。

得意先でも、「商品説明は、部下がしますので」なんて場面は、少なくないのではないでしょうか？

では逆に、上司が部下に同行をするケースは、一体どんな場面でしょうか？

クレーム対応などで、相手方へ誠意を見せるために、上司の顔が必要となるケースもあるかとは思いますが、今回は話がそれるので、これらは省きます。

上司の同行は、「部下が自社商品の説明を終えた後」が多く、つまりクロージング時が多いのではないでしょうか？

そんな時に上司は、どんな話をするのでしょうか？

「権限を活かして値引き交渉をする」こんな言葉が、出てきそうですがそれも違います。

上司は、様々な現場経験から培ったコンテンツを使い、自社の業界ポジショニング・競合他社との比較を様々な角度から切り込み、自社優位ポジショニングを作っていくことができるのではないでしょうか？

そして、自社ポジショニングの優位性を、顧客に腹落ちさせながら、契約へ導いていくのではないでしょうか？　それが上司の役割なのです。

「武器としてのスペック表」はその上司が担う役割を、ロジカルにそして、自社ポジショニングの優位性を、相手にストレートに伝えてくれることができる、最も優れたツールなのです。

ですから、スペック表を作成する時には、クロージングの時に上司がどんな話をしたかなどを、思い出しながら作成しても、良いかもしれません。

例えば、私は以下のような会話を聞いて自分のスペック表のブラッシュアップをしました。

上司「私どもの会社も含めてですが、どの会社も意外とアピールしている商品を各スペック毎に見てみると、平均的な商品が多く、飛びぬけて素晴らしいスペックを使っていることは少ないように思います」

顧客「どういうことでしょうか？」

上司「○○様はA社の無垢フローリングが素晴らしいとおっしゃいましたが、同じ仕様・価格帯でどこのメーカーでも扱えることが分かります。一点、色味だけが若干オリジナルのようですが、大差ありません。おそらく商品ネーミングがCMなどであまりに取り上げられているので、過大評価されているのでしょう。フローリング詳細を比較することのできるスペック表があるので、こちらをご覧ください」

このフレーズを聞いて、フローリング詳細の比較表を作り、顧客の要望により対応できるようにしたのです。

上司との関係性が良い方はスペック表の作成に、アドバイスをもらえたら最高ですね。

そして、できるだけたくさんの、意見を取り入れたスペック表を、完成することができたなら、もうその時は、**「スペック表があれば、上司の同行営業がなくても売れる」**ようになるでしょう。

ちなみに私は以下の点を部下や同僚にアドバイスしたことがあります。

- トレンドにあっているかどうか
- 目に見えて価格に転嫁しやすい項目があるか
- 最低1項目は数字の飛びぬけた自社商品のスペックを記載しているか
- 自社の長所が見やすいものになっているか

スペック表があれば、スマートに売れる

営業マンは、「契約ができてなんぼ」なので、顧客に対して答えを求めるために、どうしても「ガツガツ」迫ってしまう場面が、少なくないと思います。

「顧客に嫌われてしまうな」と頭では、分かっているのですが、「いざ」その場面になると迫ってしまうことが少なくないようです。

契約を迫ることが、悪いわけではないですが、顧客は営業マンに「ガツガツ」迫って来られると、引いてしまうことが少なくないようですね。

でも逆に、スマートにいけばいいのかというと、そうでもありません。

顧客から「この営業マンは、本当に売る気があるのか？」などと思われることもあり、物足りなさを感じてしまうこともあるようです。

こういった難しい心理状態をしっかりと捉えなければならないので、非常に難しいですね。営業には「これだ」という正解はありません。

なぜ、「ガツガツ」迫ってしまうのかということを、深堀して考えてみましょう。

伸び悩んでいる営業マンの大半は、自分で「やるだけやったのに」「ここまで説明したのに」と考えてしまっている傾向が強いように思います。

気持ちは分かりますが、相手の心をあまり理解しようとせずに、自分の思い込みで考えてしまっている状況です。

「なんで答えを出してくれないのか」
「なぜ、当社で決めてくれないのか」

などの自分中心の気持ちが大きくなり、「答えを出してもらうために」「契約してもらうために」焦って「ガツガツ」迫ってしまうのです。

そうならないためには、顧客の要望をきちんとヒアリングして、話を整理して競合他社とのポジショニングの違いを、理解してもらえばいいのですが、それを会話の中で組み立てていくことは、かなりの高等技術が必要となります。

ですが、「顧客の要望から、自社商品の優位性を組み立て契約に持ち込む」ことを、スペック表が、すべてやってくれるのです。

第2章

選ばれるための
スペック表の
作り方

最強のツール スペック表の作り方

さて、ここでは、最強ツール・スペック表の作り方を紹介します。

威力抜群のこのツールですが「それって作り方がとても大変なのでは？」ということをよく言われます。

ただ、もしそんなに作るのが難しいものであるならば、そもそもそれを見て顧客は理解できるでしょうか？

まして住宅営業は高額商品を売る営業です。

難しい説明をされて、理解できなければ数千万円の商品を購入しようとはしないでしょう。

ということは、**「顧客にとって見やすくて、理解されやすいもの」**を作るべきだと理解してもらえると思います。

営業という仕事は特に顧客のことを一から十まで知り、共感し、ソリューションを提供する必要があります。

姿勢や心だけでなく、商談で使うツールすべてにおいてそういったスタンスが伝わるようにしなければなりません。


そのためのスペック表の作り方をこれからお伝えします。

また、こちらの作り方はエクセル表での作成の仕方を想定しております。

ただ、手書きで作る場合やパワーポイントなどの他のソフトで作成する場合もエッセンスは一緒ですので、ご安心ください。

そして、ここでは私のスペック表の作り方を紹介しますが、もちろん業界や置かれている状況によって、作成方法は変えていただいてかまいません。

営業に必要なのは柔軟性。エッセンスを理解していただき、いかようにカスタマイズしていただいてもかまいません。

1 社名の配置の仕方

これはとても重要です。そもそもなぜスペック表を見せるかといったら、顧客に比較してもらうためです。

そして、どこと比較してもらうかといえば、競合他社です。

これが分かりづらいと顧客はなぜ自社を選ぶといいことがあるのか分からなくなってしまいます。

ですからスペック表の1行目に社名を記載してください。

そして、みそは一番左に自社を配置し、その列に色を付けてください。

人の目線は左から右に流れていきます。

スペック表には自社の商品、他社の商品含め、商品が陳列されています。

ですから、顧客が注目するであろう、一番左の項目ポジションに自社を配置しましょう。

事例

メーカー			自社	A社	B社	C社	D社	E社
商品								
販売金額			2000万円	3000万円	2500万円	3000万円	3500万円	4000万円
耐震性	工法		ツーバイフォー	在来	在来	軽量鉄骨	軽量鉄骨	ユニット
	地震対策		X構造	A構造	B構造	C構造	Dフレーム	Eシステム
	耐震等級		3	3	プランによる	2	1	1
断熱性・気密性	開口部		ハイブリッドサッシ	樹脂サッシ	アルミ+樹脂サッシ	アルミサッシ	アルミサッシ	ハイブリッドサッシ
	断熱材	外壁	ウレタンフォーム	EPS	グラスウール	ロックウール	グラスウール	ロックウール
		天井	同上	同上	同上	同上	同上	同上
		床	ウレタンフォーム	ウレタンフォーム	EPS	EPS	EPS	ウレタンフォーム
	断熱等級		7	5	5	4	3	4

そうすると、各スペック項目を比較する時も自社から見てもらえますし、最後にスペック表を俯瞰する際にも顧客は一番左の自社の商品に目線を持ってきてくれます。

これが真ん中だとスペックを比較する際に左右の項目を見なくてはならないので、顧客にとってはストレスです。

では一番右はどうかというと、目線の流れ的にいつも最後に自社のスペックが見られることになります。顧客に、自社のスペックを理解してもらうまでに時間がかかってしまうのです。

例えば、住宅の販売価格が一番安い場合に、A社3000万円、B社2500万円…E社4000万円となった最後に自社2000万円と数字がでてくるのです。

おそらく最初にみた金額なども忘れているので、再度見直す必要がでてきますよね?

同じことを一番左側に自社を持ってきた場合に置きなおしましょう。

自社2000万円という情報がまず顧客の頭に残り、その上で他社の金額を見ていってくれます。そうすると、他社の金額をざっと見つつも、「2000万円より高いな」という意識を持って見ていってくれるため、理解が早く進みますよね？

対面での商談はとても貴重な機会です。

無駄な時間は1分も作らず顧客と生産的なやり取りを繰り返さなくてはなりません。

ですから、顧客が理解しやすい、スペック表を作ることはマストなのです。

社名項目の記載の仕方、社名の置き方が超重要であることがわかっていただけると嬉しいです。

そして、原色系で自社を色付けするのはやめておきましょう。

項目内の文字や数字が見えなくなり、顧客が読み取るのに時間がかかったり、「見づらい」とクレームを受けたりします。

実はこれ結構やりがちなミスです。

せっかくクオリティの高いスペック表を作っても、顧客が見づらいものを作ってしまっては本末転倒。

パステルカラーを選んで色付けしてください。

2 項目の記載の順番

まず、顧客の予算感を把握してください。

これは後ほど顧客へのヒアリングの事項で再度お話ししますが、予算感を聞かなければ、どのくらいの規模感のものを提案すれば良いかがそもそも分かりません。

もしかしたらこのヒアリングの鉄則は住宅業界特有のことなのかもしれません。

自分の業界に当てはまらないということであれば実例として読んでください。

顧客の予算感が分かるように最初に坪単価（坪単価とは、家を建てる際に1坪あたりにどれくらいの費用がかかったかを示すもので、「本体工事費÷延床面積」で算出されます）を記載します。これによって、顧客は購入の金額感が分かります。

家を購入するにあたってはそれが一番重要です。

どんなにハイスペックの家を提案しても顧客の予算感と合わなければ購入につながらな

いためです。

これを一般的に置き換えれば、顧客にとって一番知りたいものをまず最上位の項目に持ってきて、他社と比較をすることが重要になるということです。


そして、トレンドなども上に持ってくるといいかもしれません。

次ページの比較表では二番目にインスタ投稿数をもってきました。これは現場の声を活かして作成しました。

というのも近年は店舗に来店する顧客の多くがインスタグラムで家の内観をチェックしたり、外観をチェックしたり、性能を確認したりしてから来店することが多いためです。

ですから、二番目にインスタグラムの投稿数を記載してあります。

またその後は工法、構造材などの説明すべき事項が並び、さらに世間的にニーズの高い、「耐火構造」「耐震等級」へと移ります。

顧客によって質問してくる事項、気になる事項が違います。

よってできるだけ上には必要な事項を持ってきてください。

メーカー	自社	A社	B社	C社
外観				
坪単価	68万円～	71万円～	80万円～	105万円～
インスタ投稿数	40万件	30万件	18.1万件	23.5万件
工法	X構法	Y構法	Z構法	K構法
構造材	2×3	2×6	木造	鉄骨
耐火構造	耐火	準耐火	省令準耐火	—
耐震等級	3	2	2	—

高 ↕ 重要度 ↕ 低

1　金額
2　トレンド
3　説明すべき必須事項
4　一般的に重要なこと

の順番に今回は並べてありますが、この順番は順不同に入れ替わってもかまいません。

しかし、「顧客と対面で話せる時間の重要性」を意識していただき、できるだけ対面の時に話しておきたい順番に割り振ってください。

3 実際例

では、実際にいくつか見てみましょう。

私が普段使っているスペック表に数値などを実例用に作り替えたものを見ていただければ、イメージが付きやすいかと思います。

また、それぞれのスペック表で書き方のポイントもありますので、そういったところも見ていただけたら作成のイメージがつくかと思います。

まずは一番ベーシックなスペック表です。

商品名、項目名を行と列に組み込んだものになります。

ポイントは商品の写真があるのであれば、実際に撮影して掲載することです。

ここでは商品の写真の部分をイラストで表現していますが、できれば、ここは実際の写真を入れてください。

商品のところに写真を当てはめる理由は、信頼性です。

スペック表を作成するのは営業マンです。

顧客からすれば、「スペック表自体がメーカー側の有利なものに作られている」という疑念も持たれる可能性があります。

もちろんそういった疑念を顧客へのアプローチで無くしていくのは営業マンの役割ですが、「百聞は一見にしかず」。写真があれば実際のイメージを力強く伝えることができるので、顧客に商品の関心をもたせ、「このスペック表を見よう」という意識にさせることができるのです。

写真が難しい場合にはイラストでもかまいません。

できる限り視覚に訴えるものを作りましょう。

次のポイントは、項目の分類法です。

顧客が何を見ているのか、どの項目を見ているのか分かりやすいようにまず、大分類を作りました。

ここでは「耐震性・気密性」が大分類にあたります。

最近ＳＮＳでタグという言葉がありますが、タグと置き換えてもいいかもしれませんね。

これが無いと、スペック表を再度顧客が見直す際に、営業マンの説明なしでは、家のどの箇所を見ているのか分からなくなってしまいます。

できれば項目を作る際には、大分類、小分類にし、顧客が比較しやすいように、そして、営業マンの説明なく振り返ることができるようにしておきましょう。

メーカー			自社	A社	B社	C社	D社	
外観				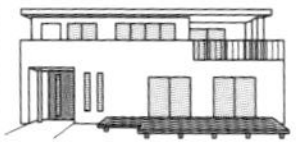	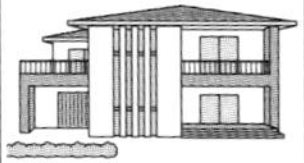	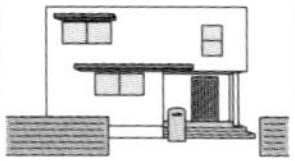		
耐震性	工法		X工法	Z工法	A工法	Y工法	C工法	K工法
	耐震等級3		3	3	2	不明	2	不明
断熱性・気密性	開口部		断熱サッシ	アルミサッシ	ハイブリッドサッシ	アルミサッシ	断熱サッシ	アルミサッシ
	断熱材	外壁	ウレタン	EPS	グラスウール	グラスウール	ロックウール	EPS
		天井	ウレタン	ウレタン	グラスウール	グラスウール	ロックウール	ロックウール
		床	ウレタン	ウレタン	グラスウール	ウレタン	ロックウール	ロックウール
	気密測定の有無		有	有	無	無	記載無し	記載無し
	断熱等級		7	6	5	4	3	2

後は顧客に説明をしたい部分。強調したい部分は赤いフォントで強調してください。

これは、売り込むためではなく、「必ず顧客に説明すべき」ところとして赤字にするのです。対面でこういった性能を話すことができる機会はそう多くありません。

私が働いている住宅業界ではせいぜい1回か2回です。

最近はネット・SNSでリサーチもできますし、動画でも商品の紹介をできるツールもたくさんあります。ある程度顧客はそれらを見て、選ぶことができるので、対面で商品情報を詳細に聞く必要もなくなっているのです。

つまり、昔と比べると対面営業の数は減っています。

ですから、対面できる貴重な機会に説明すべきところはすべて説明しつくし、後悔の無いようにすべきです。

次に3社比較パターンです。

これは見ていただければ分かると思いますが、ある程度顧客からのヒアリングが進み、ライバルが絞れていて、かつ比較する項目が少ない時に効果を発揮します。

まずポイントは、エクセルではなくパワーポイントを使いましょう。

パワーポイントは強調したい事項をシート1枚にアイキャッチで説明するのに最適なツールです。逆にここでエクセルを使ってしまうと項目数が少ないので、表自体が小さくなり、アイキャッチな訴求もできなくなってしまいます。

ポイントは項目を5つ以内にしているところです。

顧客が注目すべきところに絞りましょう。

この場合でいえば、「ローン」「光熱費」「太陽光」「メンテ（メンテナンス）」です。

これらを大きく表示し、何を比較しているのか顧客に一発で分かるようにしておきましょう。

次にこの場合は自社を一番右に配置しています。

シミュレーション情報
建物施工面積　約30坪
住宅ローン　期間35年
変動金利　0.4%

	A社(低価格住宅)	B社(大手)	自社
ローン	住宅ローン 2000万円	住宅ローン 3500万円	住宅ローン 3000万円
光熱費	35年間合計 約1000万円	35年間合計 約800万円	35年間合計 約500万円
太陽光	35年間合計 約0万円	35年間合計 計 約200万円	35年間合計 約700万円
メンテ	35年間合計 約800万円	35年間合計 約600万円	35年間合計 約100万円

※3社以内であれば右端に配置すると目立つ

比較するライバル社が少ない場合には一番最後に見てもらう会社が一番イメージに残りやすいので、一番右に配置しました。

特に3社以内での比較は一番右に配置することで、視認性が高まります。


それとどんな時にもイラストや写真のアイキャッチは必要です。

そこに何を見てほしいのか、吹き出しで1行入れておきましょう。

この場合はイニシャルコストではなく、ランニングコストも含めて、購入する家を決めてほしいので、「お金が貯まる家」というコメントをつけています。

最重要にしたいのはここには難しい言葉ではなく、分かりやすい言葉を入れること。こうすることで、顧客に何を訴えたいのか理解してもらえます。

その上で、スペックを見てもらえます。


最後に2社比較パターンです。

これは有名な他社との比較や、顧客が検討している他社との比較で作成すると効果的です。

比較するのが2社だけなので、それぞれの比較したいスペックを記載して、囲っておきましょう。当然ですが、それぞれ記載するので、記載する項目の順番と書いてある図形は同じものを使ってください。

統一性がなければ、見づらいものとなってしまいます。
この場合は前提条件をしっかりと分かりやすいように記載してください。

ここでいうと延床35坪です。
これが無いとそもそも何故このスペック表が作られたのか分かりません。
そして、例えば顧客が検討して持ち帰った時などに「そもそもなぜこのスペック表を作って比較したのか」忘れてしまうためです。

事例：30年保証　延長メンテナンス費用

自社　延床35坪

	10年目		20年目		30年目	30年合計
屋根：ソーラーパネル搭載	0万円	15年目無償点検	0万円	20年目無償点検	0万円	0万円
外壁：全面タイル貼り	0万円		0万円		70万円	70万円
バルコニー	0万円		0万円		0万円	0万円
シロアリ処理	0万円		0万円		0万円	0万円

（10年目無償点検）

一般住宅　延床35坪

	10年目	20年目	30年目	30年合計
屋根：スレート	50万円	90万円	50万円	190万円
外壁：サイディング	120万円	120万円	340万円	580万円
バルコニー	45万円	45万円	85万円	175万円
シロアリ処理	60万円	60万円	60万円	180万円

項目の順番と項目名を揃える！

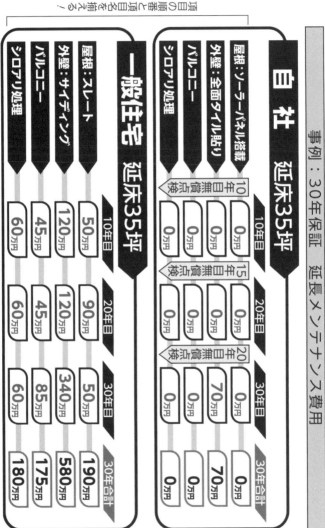

特に住宅は今すぐ買わないと生活に支障をきたすというものではありません。

つまり、ちょっとしたことで、訪店の理由などを忘れられがちになります。

営業マンがいない時でも顧客は何を重視していたのか、そのことを一発で思い出してもらうためにもこの前提条件の記載は必須の事項です。

まずは自社の得意分野を絞り込むことから始める

スペック表の定義は、単なる比較表では意味がありません。**極端な話、自社メーカー商品の使用している、スペックが光って見えるような比較表に、仕上げることが基本です。**

そのためには、自社商品の肝となるスペックを、絞り込むことが必要となります。

住宅メーカーを例に挙げると、A社は、住宅性能に特化したメーカーです。

その場合、住宅性能に関わるすべてのスペックの比較をしたくなると思いますが、それではダメです。

住宅性能すべてのスペックには、断熱材・外壁材・窓サッシ・玄関戸・構造材・気密材など多岐に渡る、項目があります。

いくら、住宅性能にアドバンテージがあるA社でもすべてのスペック項目で、アドバンテージを取ることは、難しいのではないでしょうか？

その場合に総合的には、A社の住宅性能が高いにも関わらず、スペック表の説明次第では、競合のB社の営業マンが部分的に、アドバンテージをもったスペックを膨らましていけば、B社の商品の方が、顧客によっては魅力的に聞こえてしまう場合があるからです。

このように、中途半端なスペック表では、かえってライバル企業の優秀な営業マンにカウンターを食らう危険性が、多々あるのです。

ではどうすればいいのでしょうか？　A社は、住宅性能の中でも、特に断熱性能に特化したハウスメーカーだとします。

では断熱性能を、際立たせているスペックは何なのかを絞り込みます。

断熱材・窓サッシ・換気システム等が、浮かびます。

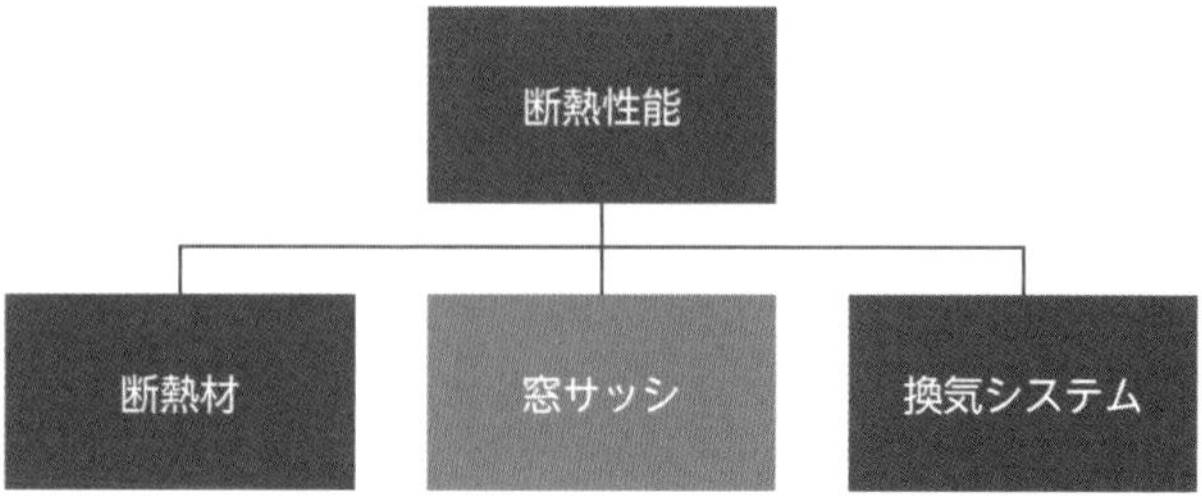

さらに絞り込み作業を行います。

この中のスペックで、最もアドバンテージがあるスペックは、何なのか考えます。

最終的に「窓サッシ」が残ったとします。

ここまで絞り込んでから、初めてスペック表作成にはいるのです。

住宅性能　↓　断熱性能　↓　窓サッシ

ここまで絞り込みをすることが、最初にやる作業です。

後は窓のスペックを、細かく掘り下げたスペック表を、作れば良いのです。

① 窓サッシの仕様・断熱性能の等級比較

② 大手ハウスメーカー別の標準窓サッシの比較・中

窓サッシの仕様・断熱性能の等級比較

		自社	A社	B社	C社	D社
断熱性能	断熱等級	7	6	5	5	3
	ガラス	トリプル	トリプル	トリプル	ペア	ペア
	サッシ	樹脂	樹脂アルミ複合	樹脂	不明	不明
	断熱材	ウレタン	グラスウール	ウレタン	不明	グラスウール
	換気システム	セントラル	セントラル	第1種	第1種	不明

※特に訴求したいポイントを上に持ってくる

堅メーカー別の標準窓サッシの比較

③　県別の窓サッシの比較・寒冷地仕様の窓サッシと
該当地域の窓サッシの比較

など、かなり細かく掘り下げて作成することが、可能となります。

当然自社商品は、窓サッシには圧倒的なアドバンテージがあるので、どの比較においても最も光ります。スペック表に入り込んでいくと、住宅購入を検討していた顧客は「窓サッシ」に関して知りたいと考えるようになります。

そして、営業マンにその性能や重要なポイントを聞いてくるようになるでしょう。

ここまでくれば、顧客は勝手に自社商品を選んでくれるのです。

このようにして、まずは自社商品を絞り込むことから始めて、「武器としてのスペック表」を作ってください。

トレンドにあった スペック表でなければ意味が無い

スペック表を作成する時に、注意しなければならない点の一つとして「トレンド」は絶対に外してはいけません。

今なにが流行っていて、なにが将来的にトレンドになるか、などは非常に重要なキーワードとなります。

新しい商品は黎明期から時を経て、人々の手に実際に渡り始める、過渡期を迎えます。その後、発展期（成長期）〜成熟期（全盛期）と流れていきます。

スペック表を作成する上での、トレンドというのは、過渡期〜成熟期と考えるのが、ベストでしょう。

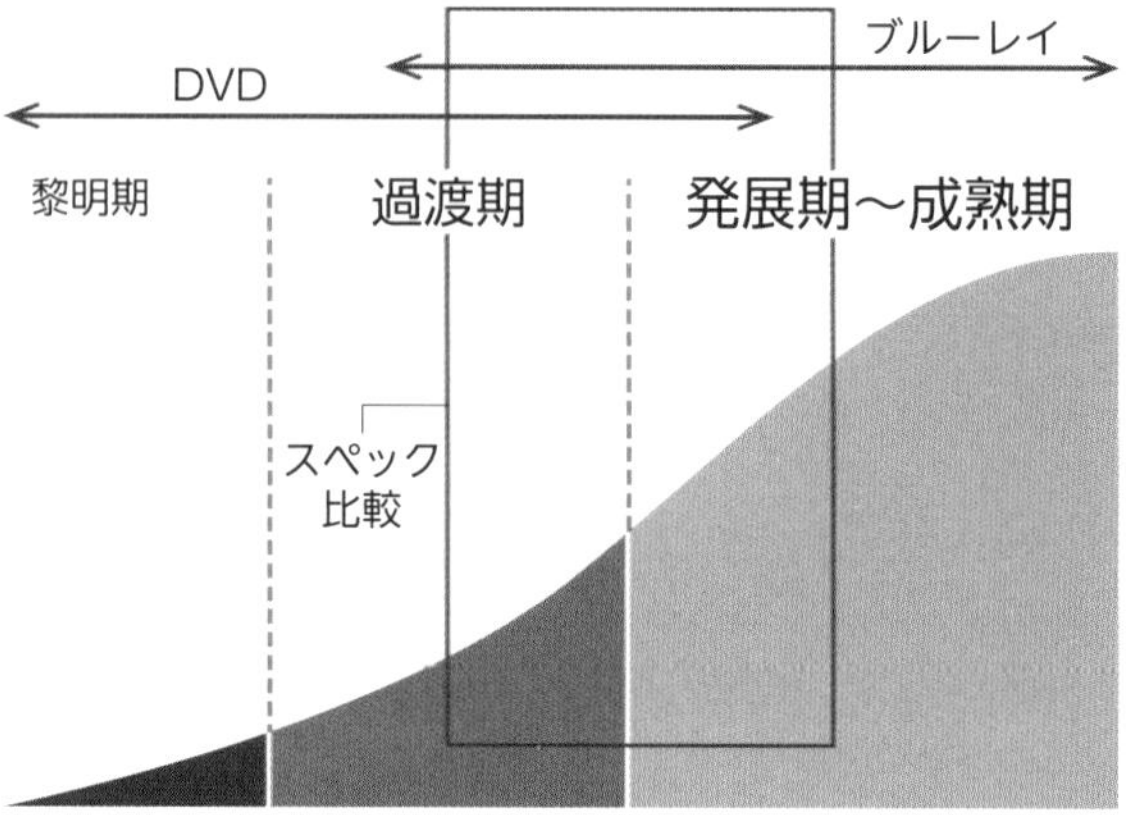

なぜなら、黎明期ですと、各社スペックを図る上での、基準にバラつきがあるからです。

具体的にいうと、黎明期は類似商品が少なく、実績データが乏しいために業界基準が作りづらいのです（黎明期に商品を作ったメーカーはブルーオーシャン市場で戦えるので、売れます。ですからそもそもスペック表を作る必要もないです）。

業界基準が曖昧な状況では、顧客に対してスペック比較できません。

過渡期～成熟期であれば、実際の商品が世の中の人々の手に渡り、ある程度の基準ができ、それぞれの性能に特化した商品も出てきます。よって、差別化ができるのです。

成熟期以降の衰退期は、当然トレンドはなくなります。よって、過渡期〜成熟期をトレンドと捉えていただくのが、正解かと思います。

分かりやすい例ですと、少し古いですが、ビデオテープからディスクに移り変わっていく時期を考えましょう。

この時期にビデオテープのスペック表を作っても、意味がありませんよね。

そして、ビデオテープからディスクへの、時代変化は決定的ですが、実際にはＤＶＤからＢｌｕ－ｒａｙ新時代の、曖昧時代であり黎明期もありました。

その後、Ｂｌｕ－ｒａｙが、世の中に認知されることになりますが、世の中が両製品を受け入れ、過渡期へと移り変わっていきます。

この段階にならないと、スペック表を作ったとしても、有効に使うことはなかなか難しいでしょう。

つまり黎明期の商品を販売する場合は、自社商品の長所を一方的に話しても、突き抜けていれば売れるわけです。

しかし、他社も参入してきて、群雄割拠になってきたら、スペック表を作るチャンス。

差別化してある部分を大いに強調していきましょう。

このように、スペック表が、本領発揮する「トレンド」とは過渡期〜発展期をいうのです。

黎明期に無理にスペック表を作っても、顧客に響きません。

「武器としてのスペック表」はほとんどの営業マンが戦っているレッドオーシャンにこそ、効果を発揮することができると、考えていただけたらと思います。

ブルーオーシャン時代に商品を売り伸ばし、レッドオーシャン時代でもスペック表で売り伸ばす、最強の営業マンになりましょう。

スペック表の比較対象は5社位がベスト

比較社数・商品数は、項目数が多ければ多いほど顧客の要望に対して対応できるように思われがちですが、そうではありません。

比較社数・商品数が多くなればなるほど、評価が散らばり、顧客の決断をにぶらせることに繋がります。

項目が多ければ、強みも各商品毎に、バラけてしまいます。次ページの図は4項目に納めていて、①から④の住宅メーカーに対して、それぞれの項目にAからCの評価をいれました。

4つの住宅メーカーであるからこそ、どの項目はどの住宅メーカーが強いのか、比較しやすいですが、掲載する社数が8社になるとどうでしょうか?

比較対象は5社・商品以内を目安に

商品・メーカー	①	②	③	④
断熱性能	A	B	A	C
光熱費	B	A	C	B
メンテナンス	A	C	A	A
耐震性	B	B	B	A
太陽光	B	B	A	A

比較社数・商品数が多いと各項目の評価が散らばり、
どれが良いのかかえって分かりづらい。

それぞれの項目の評価のグレードもAからCでは表現できず、おそらくDかE位まで作らないといけなくなるでしょう。

その結果、顧客から見ると、選択できる会社の数が8社もあり、しかも評価軸がAからEまで5段階の評価があるため、どのメーカーがどういいのかイメージがつかなくなってしまいます。

そうすると、スペック表を見てもらって、自社の優位点を確認してもらうことが、非常に困難になってしまうのです。

だからといって、掲載商品数・社数を少なくすると、物足りないスペック表になってしまいます。それに「掲載する商品やメーカーを恣意的に選んでいるのでは?」と捉えられてしまうこともあるでしょう。

ですから、掲載商品数や会社数を5つくらいにすることが望ましいでしょう。

営業の定石として顧客に選択をしてもらう場合は、3つがベストと言われていることは、聞いたことがあるかもしれません。

しかし、先ほどもお話したように3社では、比較表にするには物足りません。そして10社では見づらくなってしまうでしょう。ですから5社位がベストということです。

業界・商品によっては5〜7社位であっても、良いかと思います。

そして、スペック表を3パターンに分けて作ってください。
① 競合メーカー5社に絞り込んだパターン
② 価格帯が同じくらいの5商品に絞り込んだパターン
③ 業界のトップ・ミドル・ボトムの商品に自社商品を含めて5商品に絞り込んだパター

ン

これらの3パターンをまずは基本としてください。

理由は今まで述べてきたように以下の通りです。

- 競合メーカーに勝つため
- 金額ベースの顧客がマジョリティのため（値引き合戦対策）
- ワンスペックを光らせて業界トップに勝つため（自社優位ポジショニングの確立）

セグメント別のスペック表は顧客のメーカー決定率を早めることができる

皆さんは、セグメントというワードを耳にしたことがありますか？

マーケティングなどでよく使われるワードで、マーケティングでのセグメントの具体例は、以下になります。

①同じニーズを持った対象
②同じ地域の住民
③同じ業種・業態を営んでいる事業者
④同じ職業・年代のユーザー

つまりセグメンテーションとは、マーケティング分野において、市場や顧客の分析を行う際に、ある特定のことに関わるものや人の「趣向」「地理的条件」「フィールド」「人口変異状況」など何かしらの基準で、区分することをセグメンテーションといいます。

例えば、これらを参考に注文住宅の営業がセグメンテーションすると、以下のようになります。

①　初めて住宅を購入する層
②　建て替えを対象とした層
③　共有名義の層
④　土地から検討している層
⑤　県別の層
⑥　年収別の層
⑦　2世帯住宅の層
⑧　VIP層
⑨　平屋購入層（3階建て購入層）
⑩　現金購入層（住宅ローンを組まない）

私の場合は、注文住宅業界の人間ですから、右記のようになりましたが、他の業界にも当てはまる項目がいくつかあるのではないでしょうか。

このセグメンテーションは、顧客ターゲットを絞り込むのに、非常に有効になります。企業が、商品開発をする際などには、必ずと言っていいほど、活用されています。

業界の営業マンは、顧客のセグメントを体感覚では理解していると思いますが、スペック表に、落とし込んでいる営業マンは、私の経験上そう多くはないでしょう。

セグメンテーションは、簡単にいうと同じ境遇・状態にいる層を、ターゲット化しているため、趣味・趣向や懐事情が同じ層になりますので、スペック表を作成する上でもピンポイントで、顧客に刺さるツールを作成することができます。

そして接客において、ターゲットに近い顧客であることを確認した段階で、セグメント別スペック表を、活用していけば良いと思います。

たくさんのセグメンテーションを行い、数パターンの、スペック表を作成してみましょう。

スペック表に金額を入れる時の注意点

結論からお話しします。

どんなに高額商品であったとしても、スペック表に金額を入れなければ、本当の意味での「武器としてのスペック表」は完成しません。

ですから、スペック表に金額を入れることはマストです。


それではスペック表に、金額を入れる理由を説明致します。

「武器としてのスペック表」は顧客が勝手に自社商品を選んでくれる魔法のツールでなくてはならないからです。


皆さんは、ある程度金額の張る買い物をする時に、まず何を見ますか？

もちろんデザインや色を見たり、機能性などの数値を確認するかと思いますが、それだけでは決断できませんよね？

そうです、金額を見ないと決断はできません。

ただ、スペック表を作成する段階では、それらが顧客の予算に合っているのか、合っていないのかは、分かりません。

ですから、比較対象の商品と比べて「高いか安いか」ではなく、**「お買い得感が有るか無いか」を自社優位ポジショニングの、切り口にして作成してください。**

注文住宅を例に挙げますと、自社の販売住宅は３０００万円、Ｂ社の販売住宅は２０００万円だとします。

これだけみれば明らかに、自社は高級住宅、Ｂ社は低価格住宅と考えて、スペック比較などする必要が無いと考えますよね？

ただ住宅の場合は、現金で購入する層は極めて少ないです。

ターゲットはほぼ住宅ローンを組みます。
ですからスペック表を作成する上では、B社2000万円の住宅と自社3000万の住宅という切り口を変えることができれば、顧客の捉え方は180度変わってきます。

どういうことか、説明します。

- 2000万円の家⬇毎月6万円の家
- 3000万円の家⬇毎月9万円の家

と表記するとどうでしょう？

金利にもよりますが、1000万円の違いだと、いくらラグジュアリー感があってほしい家であっても、検討する気にならないかもしれませんが、毎月3万円の差で、本当に納得のできるスペックで、終の棲家であるこだわりのマイホームが手に入ると考えたらどうでしょう？

しかも30年ローンが終われば、ラグジュアリー住宅は、自分の物になるのです。

高級住宅は高性能も兼ね備えています。

ですから、光熱費が毎月1・5万円程安くなるケースなどもあります。

そこまで顧客に伝えることができたら、反応はどうでしょうか？

3000万円の家が毎月7・5万円になり、今顧客が住んでいる賃貸住宅の家賃より安くなるかもしれません。

そして低価格住宅との差が毎月1・5万円になってしまうのです。

極めつきは、スペック表で、その差を見せればいいのです。

これこそが、営業マンが一切アプローチすることなく、顧客が勝手に自社商品を選んでくれる魔法のツール「武器としてのスペック表」の威力なのです。

第3章

スペック表の活用及びメンテナンス作業

スペック表は新しいほど価値がある（古いものは逆効果）

ここでいう新しいというのは、2パターンあります。

一つ目は世の中の、最先端トレンドのスペック、二つ目は自社新商品スペックのことです。

スペック表は、顧客に関心がもたれなければ意味がありません。

トレンド商品があれば、顧客の関心を呼べます。

最新・最先端の情報は、常に更新して入れるようにしてください。

自社商品が最先端トレンドスペックを取り入れていなくてもいいのです。

他社のものでも自社のものでも、どんどんスペック表に新商品を入れていきましょう。

「そんなことをしたら、競合他社に負けてしまうよ！」という不安の声が、聞こえてきそそうですが大丈夫です。

最新の商品は、発売初期は価格帯が安定せず、高値なものが多いです。

車のスペックなどで今ではなくてはならないスペックとして、カーナビがあります。20年以上前の発売当初はバグが多く、地図もカーナビに搭載されるまで時間がかかったり、古くなったりと購入を様子見するドライバーが少なくなかったのではないでしょうか？

結果、発売当初は一般顧客には選ばれにくかったのです。

ですから、ブルーオーシャン市場であっても営業力がなければ売れなかったのではないでしょうか？

「まだ高いので、現行品を採用している当社の商品なら、3割ほど安く購入できますよ」

「出始めのスペックは、バグが多いのでマイナーチェンジして、性能が安定してからの方が望ましいですね」

「まだこのスペックは、本当に世の中に受け入れられるか、分からないですね…」

など自社が取り入れることができていない性能がある場合でも、自社優位に話を進められます。

また、他社の製品であっても、スペック表に最先端トレンドの項目を入れ込むことができれば、表全体のイメージを新しいものに魅せる役割があるので、必ず入れましょう。

二つ目の、自社新商品スペックは、当然ですが必ず入れてください。

そしてスペック表の切り口を、かなり大胆に自社新商品寄りに作成することをおすすめ致します。

残念なことに、新しい自社商品を積極的に販売する営業マンが、それほど多くないと感じることがあります。

私の周りでよく聞くのは、

「販売実績が無い」

「他社が導入していない」

「商品知識がまだ無い」

「新商品なので、納入後、不具合が起こったら不安だ」

などの理由です。

新商品に対するネガティブな気持ちは分かりますし、定番商品を売りたい気持ちも分かります。

しかし、それではいけません。

自社の新商品は、会社が多額の研究費をかけて開発して社運を賭けて世に投入しているのです。

さらに会社は、商品を世の中に認知してもらうための、パンフレット・広告・宣伝に多額の資金を投入しているのです。

これだけのお膳立てしてもらっているのですから、自社の新商品を掲載したスペック表を前のめりに作って良いのです。というより作らなくてはならないのです。

以上のように、スペック表は新しい程価値があることが、お分かりいただけたでしょうか？

競合他社の得意分野・新商品を常に仕入れる「情報収集」は鉄則

当たり前ですが、スペック表に、競合他社の得意分野・新商品が入っていなければ、スペック表の価値は半減します。

「競合他社の、ストロングポイントなんか入れたら敵に塩を送るようなものでは？」という声が聞こえてきそうですね。

もちろんスペック表の狙いは、自社商品を光らせることではあります。

しかし、同時に競合他社の得意分野・新商品を、汎用商品と比べてもらうこともできるのです。

新商品は広告宣伝もされ、メディアもこぞって取り上げます。

一時的に知名度が上がるため、他社で新商品が発表されると、営業マンはしり込みしてしまいます。

ただ、こう考えてみてはいかがでしょうか？

①他社の新商品が発表されることで、その広告や宣伝が増え、自分の所属する業界がにぎわう

②他社の新商品と同じジャンルの商品を購入したい顧客がその時期に増える

③他社の新商品を知った顧客が来る際に、新商品と自社既存商品を見比べてもらうチャンスも増える

④スペックを客観的に比較検討してもらうことで、自社を知ってもらう、もしくはそのまま購入していただける機会を得る

つまり、他社の商品が広告塔になるので、それをフックに自社の商品も紹介できる機会が増えるということです。

例えばA社から、新商品が出たとします。

そして、TVコマーシャルやSNS等で様々な告知をして、販売していたとします。
私が感じていることですが、新商品が出る時は、部分的に優れたスペックを持っているものが多いですが、商品全体のスペックを見てみると、他社メーカーの類似商品と比べて、同等くらいのものであることがほとんどです。

宣伝告知により、部分的特徴を膨らまして宣伝しているため、消費者はなんとなくその商品が他社の商品よりも「全体的に優れたもの」と考えることもあるのではないでしょうか？

さらに新商品というワードに、一般消費者は購買意欲をそそられる傾向があります。
ですからA社の商品が、ずば抜けて良いように感じてしまうのです。
もちろん、営業マンも例外ではなく、そういったイメージに負けてしまうこともあります。

ですから、商談の場で、競合他社の新商品の話題をそらしてしまうことが多いように感じます。しかし、そういった及び腰の姿勢をとることで、顧客にも不信感を持たれますし、他社の営業攻勢にさらされるでしょう。

であれば、あえて競合他社の得意分野・新商品をスペック表に入れて、別の切り口で作成してみると、競合他社の新商品が既存の商品とあまり変わらないものに見えてしまうこともあるのです。

また、スペック表の素材として、競合他社の新商品と比較する作業を重ねていくと、競合他社の長所・短所がロジカルに分かるようになります。

そうなると、顧客からどんな角度からボールが飛んできても、即座に正確な数字を比較して対応できるようになります。

それは曖昧な他社批判などではなく、数字でロジカルに説明できるため、圧倒的な信頼感を得ることができるようになるのです。

サンプルがあると説得力が増す

ご存知のように、スペックとは一つの商品を成り立たせる上での、いわゆるパーツです。そのパーツの、性能レベルによって商品のレベル・グレード・価格が、成立しています。

パソコンなら、OS・CPU・メモリー等、車なら定員・排気量・燃費等、住宅なら、断熱材・窓サッシ・外壁等になります。

これらのスペック比較をして、購入する商品を決断していくと思いますが、皆さんは、これらを購入する時に、それらのスペックをまずは数字で確認すると思います。

スペックは、パーツなので性能を表示するために、大半が数字で優劣をつけることができるからです。

ただ商品を購入する際には、顧客はそのスペックの重要性をほぼ理解していません。もしくは、偏った知識で理解をしていることが多いと思います。

ですから、営業マンは、自社の優位性を理解していただくために得意な分野＝投資額が大きいパーツである、自信のあるスペックを中心に話をしていき、アプローチをしていくと思います。

顧客は、その説明を聞きながら、新たな気づきを得たり、自身が検索して得た情報の裏付けを取ったりしていきます。

その際に営業マンの説明だけでは、なかなかそのスペックの優位性や、重要性を伝えることが、難しい場合があると思います。

特に新人営業や、伝えることが苦手な営業マンなどはそれらがうまくいかず、商談をうまく進めることができずに受注ができない傾向にあります。

例えばCPUは、簡単に言うとパソコンの処理能力（スピード）です。

そしてメモリーは容量です。

自社はCPUは得意な分野ではなく、メモリーに関して得意な分野であり、大容量であるにもかかわらず、どのメーカーよりもコンパクトで小型化が可能であるとします。


その際には、顧客には、メモリーの大切さをアピールして、自社メーカーの優位ポジショニングを、創らなくてはなりません。

そんな時に、言葉だけの説明では、顧客に伝えるには限界があり、あと一押しができたらと、思うことはないでしょうか？


その際、パソコンメモリーの、現物があったらどうでしょうか？

メモリーの現物を手に取り顧客は、

「これだけ小型化できるなら、同じ要領で、よりコンパクトなパソコンが手に入るな」

「小型化できる技術があるなら他のパーツも非常に性能が高いだろう」

等、営業マンや会社への信頼は、膨れ上がることでしょう。


住宅ではどうでしょうか？

「断熱材の性能が、高い・低い」だけでは、断片的な性能しか伝わらないと思います。自社メーカーの、得意分野の断熱材を、顧客にアピールして、優位ポジショニングを創りたい時などは現物があれば、

営業「まずは、一般的な断熱材を、手にとって見てください」

顧客「なんだかフワフワしてるね」

営業「そうです、これはグラスウールといって、ガラスの繊維で作られた、綿状の断熱材で、多くのハウスメーカーで使用されています。値段は安いのですが、断熱性能があまり高くなく、なによりこのフワフワ感が問題でして、水分を含みやすく、カビなどの影響を受けやすいのです。よって耐久年数が低いという、デメリットも考えなくてはなりません。そうすると10年後くらいには、大規模なリフォーム工事が、必要となってしまいます」

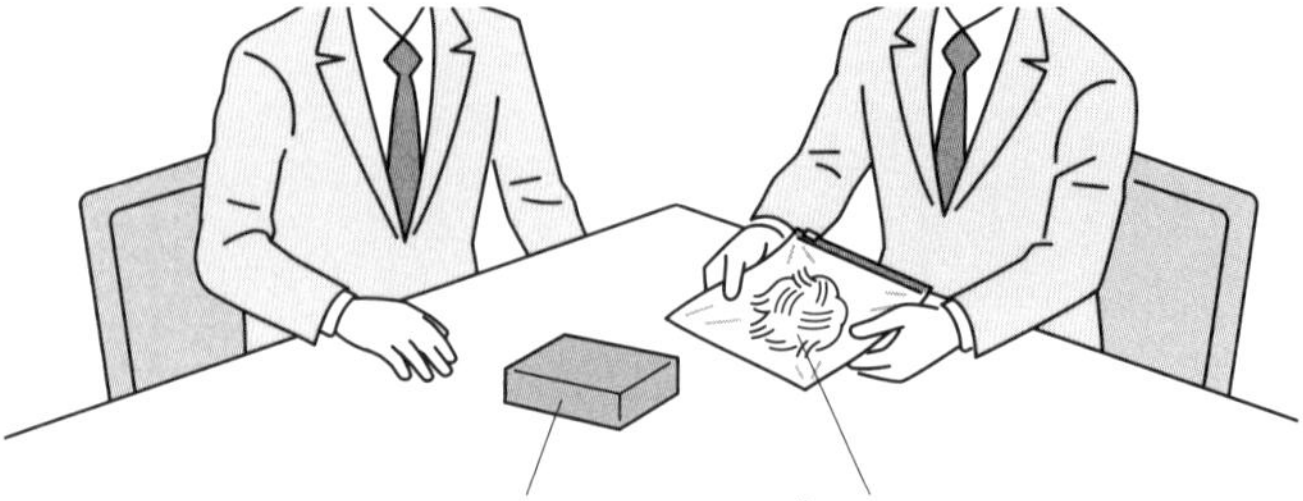

顧客「そりゃ困るな」

営業「ではもう一つの断熱材を手にとってください」

顧客「これは素材が全然違うな」

営業「そうです。これはウレタンフォームといって、グラスウールよりも、はるかに断熱性能が高いのですが、価格も高くなります。ただ注目すべきは、この素材感です。先ほどのグラスウールと比べてどうですか?」

顧客「これなら、水をかけても大丈夫そうだね」

営業「そうなんです！　ウレタンフォームは、身近なところだと、サーフボードなどにも使用されており、常に海水に触れても、長持ちするんです。それだけでなく、あの宇宙空間へ飛び立つ、スペースシャトルの燃料タンクにも、使われていたんです」

顧客「この素材感は素晴らしい！」

というような感じの雰囲気になることが予想できませんか？
実際私も「ここぞ！」という時はスペック表の他に現物を用意していました。
ただ、現物を用意するだけでは、こういった顧客の反応を引き出すことはできないでしょう。

まず顧客の要望をヒアリング→スペック表で詳細を説明→現物の確認
という流れがあってはじめて、現物を見て顧客の心をつかむことができます。
スペック表を作る時には、できる限り各メーカーのサンプルを購入して用意しておきましょう。

自社メーカーの、優位ポジショニングが一気に高まり、顧客の決断を早めることができるでしょう!

スペック表は顧客に渡せる資料でなければ意味が無い

まず、「武器としてのスペック表」は、顧客に渡す前提で、作成してください。

なぜだか分かりますか？

自身の営業ツールとして作成した場合には、どうしても、営業トークの補完的な要素が強くなってしまい、スペック表と、自身のトークが組み合わさらないと効力を発揮できない資料になってしまうからです。例えば、難解な用語をたくさん入れてしまうとかしがちです。

その場合顧客が、スペック表を見ただけでは、理解不能になってしまい、商談後に渡しても商品の比較検討をしてもらえないのです。

例えば、住宅スペックの場合になりますと、家の断熱性能を、表す値にQ値という単位があります。

この数値は、小さければ小さいほど、住宅全体の熱が逃げにくいことを意味するので、数値が小さい方が、断熱性能が高い住宅になります。

またその値の数字なのですが、国の基準だと2・7という数値になり、断熱性能が高いものだと0・5くらいの数値になるのですが、何の説明も受けずに見た顧客は、意味が分からないと思います。

そればかりか、数字が大きい方が、断熱性能が高いと、考えてしまうかもしれません。

実際には、この数値の差になると、断熱性能が5倍も違うことになるため、光熱費が年間で5倍くらいの差になるのです。

お金に換算すると、5万円と25万円になりますので、何と年間20万円の差になってしまうのです。

スペック表でそういった内容がしっかり掲載されておらず、説明でカバーしようと考えていると、商談後に見返されたり、商談時にQ値のことが説明できず、資料を渡す形になった場合に、誤解を生む可能性があるのです。

顧客が誤解をしてしまったら、凄さが伝わらないばかりか、真逆の印象を持たれてしまう可能性が非常に高くなります。

この場合には、一般的な住宅の断熱性能数値及び、それらを金額換算した数字と、セットにしなければなりません。

ここまで用意することが非常に重要な作業になります。

そうすれば、顧客は、営業マンの説明を受けなくても、自社商品の優位性を理解できるでしょう。

また仮に、営業マンが説明をしたとしても、大半の顧客は、その話を覚えていないことが多いと思います。

なぜなら各メーカーの営業マンがそれぞれに、自社商品の得意分野の説明をするため、混乱したり、以前商談したメーカーとの話そのものを思い出せなかったりするのです。

そうなると結局は、有名メーカーの商品か、価格が安価な商品を選んでしまうというパターンになってしまうのです。

ですから、このスペック表は、家に帰って眺めて見るだけで、説明を受けていない顧客の家族が見ても、理解できる内容でなければ意味が無いのです。

同時に、数値はより正確になるように、自社商品以外の競合他社のスペックの数値も、常に改廃して、最新のデータに入れ替えておかないと、万が一スペック表が、他社に流れた場合に、指摘を受けてしまう危険性も孕んでいるのです。

ですから、顧客に渡せるスペック表の重要なポイントは大きく二つとなります。

一つ目は、顧客が一人で見ても、商品の優位性を理解できるスペック表でなくてはならない。

さらには、何の説明も受けていない顧客の家族が、いきなりスペック表を見たとしても、その優位性を十分に理解できるものでなくてはならないのです。

そしてもう一つは、競合他社から批判を受けないような、最新の数値が入ったスペック表であり、かつ競合他社が恐れるような的確なスペック表であれば良いということになります。

このようなスペック表であれば、非常に効果的なスペック表となり、営業マンの代わりにスペック表が自社優位性を導き出してくれることになり、顧客が納得して自社商品を選んでくれるようになるわけです。

ただ、どうしても専門用語や、説明書きを書いておかないと理解できない言葉もあります。

ですから、スペック表と同時にその場で手書きで資料も作って、顧客に用語の解説などをして、一緒に渡すこともしなくてはなりません。

例えば、住宅性能スペック表等では私はよくQ値を手書きで説明します。スペック表にした時にどうしても表の中で説明ができない項目であり、顧客がネットで見てもよく理解できない項目や言葉を手書きで大味な図版などにして説明します。

こうすることで、「丁寧に説明してくれる人だ」と好感度も上がりますし、スペック表と一緒にクリップ止めをしておくことで、顧客のスペック表を理解する速度が上がり、「あの時これが気になったんだった」「あの時このワードがよく分からなかったんだった」などと商談のことも思い出してくれます。

手書きの説明は効果大なので、ぜひ実践してみてください。

普段からスペック表になりえる素材を探すルーティンが重要

スペック表を作成する時に一番悩むのが、どの仕様をスペック表に入れるか、だと思います。

自社商品の得意分野のスペックを入れることは当然だと思うのですが、問題はそれ以外のスペックをどうするかだと思います。

また、一度入れたスペックを、何年もアップデートしないわけにはいきません。常にアップデートが必要となります。

なぜなら、トレンドは常に変化しており、競合他社の戦略商品もそのスペックも常に変化しております。

スペック表は、常にトレンドに対して敏感でなければ、意味の無いものになってしまうからです。

そこで、ぜひとも心がけてもらいことがあります。

街を歩いていて気になる情報を見つけたり、電車の吊り革で、気になる記事を見つけた時などは、スマホで写真を撮っておいて、後からスペック表に、使えないかなどを検討する癖をつけてほしいのです。


住宅販売の場合で説明します。

電車の吊り革で、アメリカの長期金利が上昇傾向にあり、日本の長期金利もいずれその影響を受けるという雑誌の広告の見出しがあったとします。

世の中のトレンドが、金利上昇に動くことが予想できる訳ですから、スペック比較表には、主要金融機関やネット銀行などの、金利比較項目を入れ込むのです。


「自社商品に関係無い項目を作って意味があるのか?」

という疑問を持つ方もいらっしゃるでしょうから、説明します。

住宅購入にあたっては、大半の顧客が、住宅ローンを利用します。数千万円の高額商品ですから、現金で購入できる方は、非常に少ないです。ですから顧客にとっては、どこのハウスメーカーで家を建てるのかと、同じくらいに関心のあるテーマなのです。

銀行によって比較できる事を思いつく限りざっと並べてみます。

①　金利
②　借り入れ手数料
③　保証料
④　優遇金利（キャンペーン・属性）
⑤　団体生命保険
⑥　借り入れ条件（職種・勤続年数・審査金利ｅｔｃ．）

金融機関によって①〜⑥は全く条件が異なります。年収が同じであっても、借り入れ金額、年数、金利に差が出たりする場合などは、A銀行では3000万円の借り入れが可能ですが、B銀行では2500万円しか借りられない場合があります。

さらには借り入れ額が同額だとしても、金利の違いや保証料の違いで、数百万円単位での金額差が出てしまうことも、ザラにあるからです。

仮に300万円の差になると、これら住宅の広さに転嫁してみますと、坪数はかなり違うものになってしまい、住宅計画そのものが変わってしまう場合もあるのです。ですからそのような違いを、丁寧にスペック表で作成すれば、顧客は住宅購入に関して、方向性が具体的となり、話が一気に進んでいくことになります。

同時に、そのような提案ができる営業マンには、信頼を置くことになるでしょう。ハウスメーカーによっては、提携金融機関などがあり、そのことばかりを強調してくる営業マンは少なくないのですが、顧客の側から見れば、トレンドや顧客にとって一番有利な条件にあった金融機関のスペック表を使い丁寧に説明する営業マンを、有難いと感じるはずです。

自社の商品だけではなく、トレンドを見て、顧客に関係するところであれば、調査をしてスペック表を作成し、信頼を勝ち取りましょう。普段からスペック表になりえる素材を、探すルーティンが、いかに重要であるかをご理解いただけましたでしょうか。

また、私はこの他によく日経新聞やｗｅｂニュースを見ます。

日経新聞は1面から最終面まですべて経済に関することが掲載されており、顧客に関係するかもしれない情報の宝庫です。

少し難解な記事もあるかもしれませんが、そんな時こそネットで難解な用語を検索し、頭に入れておけばいいのです。

紙の日経新聞を読む理由は網羅性。それと目に優しいからです。

ネットニュースの情報力も年々上がってきていますが、個人的には自分の趣味趣向に沿ったものしか閲覧しないように思います。

ですので、自分の趣味趣向ではないけれども仕事上必要な情報が無いかを私は日経新聞で確認しています。

Ｗｅｂニュースは速報性が高いので見ます。金利のことであったり、不動産に関する情報で大きいニュースがあったりする場合にはいち早く知ることができますし、それらが数時間後の商談で顧客との会話で何かのトリガーになるかもしれません。

いずれにせよ、トレンドはしっかり押さえておきましょう。

競合他社を細分化してスペック化する癖をつける

他社と競合した時に、あなたはどのように対応していますか？
大概の営業マンは次の2パターンが一般的ではないでしょうか？

①　相手の欠点を見つけて、顧客に説明する
②　自社のアプローチに徹する

結論から申し上げますと、2パターンともやめた方がいいです。

まず①のパターンは、当然ながら聞いている顧客は、あなたに良い印象は持たないでしょう。それは前述した通りです。

また、競合他社と誹謗中傷合戦になると、こちらの商品に関しても根も葉も無いことを言われる恐れがあり、顧客がそれらを信じてしまう場合なども、少なくありません。
私の経験でも、そういった場合は、リカバリーに非常に苦労したことを覚えています。
それだけでなく、信用を失ってしまい商談がうまくいかなかったこともあります。

次に、②のパターンですが、気持ちは分かりますが、これも良くありません。
顧客からしてみれば、プロフェッショナルである業界の営業マンは、業界の状況、競合他社の商品仕様などは理解していて当然であり、競合他社と比較してあなたの会社の商品が魅力があるかどうかを、聞きたいという本音があるのではないでしょうか。

自社商品ばかり説明されても、その商品の業界でのポジショニングが分からなければ、商品の優劣の判断が、つかないからなのです。

解決策は、競合他社商品を、細分化することです。

住宅メーカーを、例に挙げます。

Aメーカーと、競合をしていたとします。

該当メーカーは外壁材が、耐火性に非常に優れた商品であることを全面に出してアプローチしてきていたと仮定しましょう。

顧客も、今の家の外壁にクラック（ひび割れ）が度々入り、長年に渡り悩まされていたため、Aメーカーの商品が非常に魅力的に映っており、他のメーカーは視界に入らないくらいに、心酔していたとします。


こんな時は、どうしたらいいでしょうか？

以下の様にすれば勝てます。

①外壁材スペックを細分化する（耐火性・耐水性・デザイン性・耐久性ｅｔｃ.）
②断熱材スペックを見せる
③屋根材スペックを見せる
④内装材スペックを見せる

⑤　住宅設備機器スペックを見せる

まず①です。

耐火性は、優位性があったとしても、実際に競合他社商品と、耐火性能を数字で比較してみると、大した違いは無いケースが多いです。

考えてもみてください。

同業であるということはキャッシュの生み出し方もそうそう変わりません。

どこか1社がダントツで製造予算を持つなどということは考えにくいと思いませんか？

ですから、例えば耐水性では競合他社商品より劣る、デザイン性は同じくらい、耐久性も同じくらいという形になりがちです。

①の得意分野の外壁材を細かく見ていくと、Aメーカーの優位性は、落ちていきます。

同時に②～⑤までの、スペックを細かく見ていったらどうなるでしょうか？

当然ですが、すべてのスペックで、1位を取ることは難しいです。

ここも考えてもみてください。

もしすべてのスペックで上回れる製品を作るメーカーがいたとしたら、その業界に競合は生まれません。

GAFAがいい例です。すべてのスペックで1位をとられれば、他の会社が入り込めなくなっていますよね？　ウィナーテイクスオールという状態です。

GAFAはすべてのスペックで他社を上回ったため、競合がいない状況になりましたが、そうなるのはめったに無いケースです。

そもそも競合がいるということはそういった状況になっていないということの証明でもあります。

さて、今までAメーカーに心酔していた顧客は、こういった話を聞き、一気にトーンダウンしていくことになります。

いかがでしょうか？　世の中には、競合他社商品で、圧倒的なシェアを、誇っている商品などが少なくありませんが、案外スペックを細分化して見ていけば、十分戦えるようになります。

ビジネスの世界では、先行者利益といって「先に市場に参入した会社がその後、優位ポジショニングを獲得する」と言われています。

コマーシャルや、ネット広告など、様々な媒体を使い、高額な資金を投入する理由は、まさにここにあるのです。

研究開発費に多額の投資をして長い年月をかけるよりも、タレントなどを投入して、これらの宣伝効果をフル活用することができれば短期間で、一気に売り上げを伸ばすことができるのです。

その方が、企業にとってはメリットが大きい場合が多々あるからなのです。

もちろん、素晴らしい理念と、情熱を持って、商品研究・開発期間・費用を長年かけた、商品もたくさんありますが、それでも、すべてのスペックをグレードアップできる予算を投入することは、一般的には難しいと考えられるのではないでしょうか？

ですから、「競合他社を細分化してスペック化する癖をつける」ことが、有効なのです。

クロージング用のスペック表が完成したら説明はいらない

クロージング用のスペック表とは一体どのようなものを指すのでしょうか？

答えはシンプルです。

「金額の入ったスペック表」を指します。

世の中の商品は、すべてお金で、評価換算されています。
住宅・家電・不動産・絵画に至るまで、すべてお金で測られます。

ですから、スペック表で商品スペックの優劣を並べたとしても、そのスペック及び、商品全体の「最終金額」が分からなければ「最終判断」ができないのです。

ですから、スペック表には、「金額」を入れることが絶対条件となるのです。

ただスペック表に、金額を入れる時の注意点があります。

それは、闇雲にスペック表に金額を並べてみても、何の意味も無いということです。


理由はシンプルです。

先ほど顧客の「最終判断」は、お金だとお話ししました。

それは顧客の、「最大の関心事」であるからなのです。

要するに、スペック表に顧客の「最大の関心事」である金額を入れてしまうと「最大の関心事」の金額だけに目がいってしまい、一番見てほしい「スペック」に目がいかなくなる危険性が、あるからなのです。


だからこそ「激安価格」を、最大の売りにしているメーカーは、それでいいのです。

ですから、こうしましょう。

① スペック表を2枚作成する
② 2枚目の、スペック表の提出タイミングを、臨機応変に変える

まず①の説明ですが、1枚目のスペック表には、金額や性能の違いが分かるスペック項目を並べましょう。これにより各スペック項目の価値を、価格や性能の良し悪しで比較することができ、その商品の強みが測れます。

2枚目のスペック表には、各カテゴリーの合計額と、商品全体の最終金額の入ったものを入れます。最終金額とは、その商品の総合価格のことです。

はじめの①に関しては、商品価値をお金に換算するために、数字化したことは納得いただけると思います。

ではなぜ②のように、提出タイミングを臨機応変にする必要があるのでしょうか?

これは、前の話に戻りますが、大前提は顧客の「最大の関心事」に、いきなり目がいかないように、1枚目を渡すことが大きなポイントになるからです。

つまり、二つのスペック表があれば、無駄な説明をしなくても、その商品の真の価値とお買い得感を、顧客は理解してくれるのです。

これこそがクロージング様のスペック表なのです。

トータルコスト比較一覧（1枚目）

性能の価値を理解してもらう

建築会社	自社	B社	C社	D社	E社
坪単価（税込・単位万円）	85万円	70万円	95万円	60万円	50万円
坪数	35坪	35坪	35坪	35坪	35坪
太陽光搭載量	10.0kw	10.0kw	7.0kw	4.0kw	搭載無し
火災等級	耐火構造	耐火構造	耐火構造	非耐火構造	非耐火構造
地震等級	耐震等級3	耐震等級3	耐震等級3	耐震等級2	耐震等級1
断熱等級	7	5	5	4	3
屋根	太陽光パネル（10kw）	太陽光パネル（10kw）	瓦	スレート	スレート
構造躯体	ACQ処理	ACQ処理	表面塗布処理	表面塗布処理	表面塗布処理
1)-① ランニングコスト（冷暖房費）	14,300円	15,200円	21,000円	22,500円	22,500円
1)-② 太陽光パネルメリット	-14,000円	-14,000円	-9,000円	-6,000円	0円

トータルコスト比較一覧（2枚目）

建築会社		自社	B社	C社	D社	E社
2）修繕積立コスト	壁	1,800円	1,800円	2,800円	8,500円	12,000円
	屋根	800円	800円	800円	6,000円	6,000円
	構造躯体	200円	278円	1,667円	2,500円	2,500円
	合計	3,000円	3,000円	5,333円	17,700円	21,917円
3）保険コスト	合計	565,050円	565,050円	565,050円	1,201,650円	1,325,200円
火災保険料		1,080円	1,080円	1,000円	2,100円	2,100円
地震保険料		480円	480円	480円	1,000円	1,500円
4）税金の優遇（当初5年間の固定資産税半減）		有り	有り	無し	無し	無し
毎月実質支払い額		9万円	8.3万円	12万円	10万円	10万円

価格にいきなり注目が集まらないよう一番最後に記載

第4章

スペック表を武器として使うアプローチ方法

十分にヒアリングをして顧客情報をつかむまではスペック表は出さない

今までもお話ししてきましたが、スペック表は、競合他社商品に対して、自社メーカーの優位ポジショニングを、顧客に論理的に理解してもらうためのツールです。

そうなると顧客の気になっている、メーカーや考え方・趣味趣向・予算・経済状況を、十分に知る必要があります。

これらを、全くヒアリングしないで、ただ闇雲にスペック表を提出して説明を始めたらどうでしょうか?

もしくは、顧客が勝手にスペック表を、見始めたらどうなるでしょうか?

営業マンのスペック表と、顧客のニーズが合致していれば顧客は、自社メーカーの優位

ポジショニングを理解してくれて、自社商品を選んでくれると思います。

では、逆だった場合はどうでしょうか？

顧客ニーズと真逆か、全く興味の無い分野で、自社メーカーの優位ポジショニングを取ったスペック表を顧客が見た場合は、自社商品への興味は完全に断たれることになるでしょう。

また、スペック表を営業マンが顧客に一生懸命に説明を始めた場合はどうでしょうか？　的外れな説明を延々と話す営業マンへ、嫌悪感を抱き信頼関係を結ぶことは非常に難しくなることでしょう。

ですから、顧客の考え方・趣味趣向・予算・経済状況などのニーズをつかむために、十分にヒアリングをかけて、顧客のデータベースを揃えた段階で初めて、ニーズに最も合ったスペック表を出していくのです。

そうすることで、百戦錬磨で契約率を上げていくことが、できるのです。

「十分にヒアリングをして顧客情報をつかむまではスペック表は出さない」ぜひともこれを、心がけて「武器としてのスペック表」を活用してください。

最初にお金の話をしなければスペック表の効果は半減する

スペック表は、デザインなどの、見た目で勝負するツールではありません。触って商品を体感するものでもありません。

あくまで、その商品の業界でのポジショニングと、仕様や性能を数値に置き換えて、商品の優劣を、客観的に判断するためのツールなのです。

国産車の普通乗用車を購入しようとしている顧客が、ポルシェのエンジンや内装の仕様と比較したスペック表を見せられても、ミスマッチになります。

最悪の場合、顧客の購買意欲を削いでしまう可能性が、非常に高くなってしまうのです。

ですから、まずは顧客の予算を、確認することが非常に重要になるのです。

現金だけでは購入が難しい不動産・住宅・車などの高額商品の場合は、顧客の支払い能力を確認するための年収等の確認が、同時に必要になるのです。

そして、その借り入れをした場合の、日々の生活への影響度なども十分にヒアリングをしていく必要があるのです。

それらを総合的に判断して、初めて提案すべきスペック表を決定することができるのです。

最初に、お金＝予算の話ができていると、様々な角度から的確な提案やアドバイスができることになるのです。

顧客の予算が３０００万円だとします。

そして自社商品は、３８００万円だとします。

このまま金額を提示すれば購入予算を超えているため、話を聞いてくれない可能性があるでしょう。

もちろん、顧客の予算に関する情報をヒアリングできただけでも前進ではありますが。

ではどうすればよいでしょうか？

そのままのキャッシュでは、顧客の予算を超えてしまったとしても生涯の金額に置き換えたらいかがでしょうか？

例えば自社商品は、省エネ性能が非常に優れており、光熱費で毎月２万５０００円もの節約が可能になる商品だとしましょう。

単純計算ですが、住宅ローンを組んだ場合のパターンが以下になります。

自社商品　３８００万円＝ローンの支払額月々12万５０００円＋光熱費１万円
＝13万５０００円

競合他社商品　３０００万円＝ローンの支払額月々10万円＋光熱費３万５０００円
＝13万５０００円

競合他社よりも８００万円高い自社商品が、毎月の支払いに換算すると、同じ支払額になります。

当然ですが、３０００万円の他社商品と比べると、８００万円製造面でコストをかけられるのですから、省エネ以外のデザイン性、その他の仕様も、グレードアップされた商品であることは言うまでもありませんし、もちろんそうでなければなりません。

こういったことをスペック表を使って、比較して説明をしていくことで、顧客も冷静に商品を選定・検討することができます。

繰り返しになりますが、お金に関するヒアリングをしなかった場合は、どうなるでしょうか？

顧客は、高い商品であるというだけで、拒否反応を強く示して話を聞いてくれない可能性もあります。

感情的な反発が強いと、顧客にとってベネフィットのある情報を提供することができなくなってしまうのです。そして、スペック表のポテンシャルを発揮させることができなくなってしまうのです。

まず予算感をヒアリングする。

これを徹底して、顧客にアプローチしましょう。

スペック表を使って自社優位ポジショニングに持ち込めば選ばれる

あなたは高額商品を購入する際に、購入商品を決めて、店舗・ショールームを訪れますか？

SNSなどで事前リサーチをして、ある程度、商品にあたりをつけて「店舗で商品確認をして、営業マンの話を聞く」パターンか、もしくは「営業マンの話を聞いてから、判断しよう」かの、いずれかのパターンが多くないですか？

いずれにしても「業界のトレンド」「おすすめ商品」を営業マンに教えてもらいたいのではないでしょうか？

ただ、大多数の営業マンがそれらを理解していないと感じています。

だいたいが、いきなり自社商品の説明を機関銃のように話し始めたり、競合他社商品の欠点を言ったりしているのが実情ではないでしょうか？

こうなると顧客の本来の目的である「業界のトレンド」「おすすめ商品」などの商品を手に取ったり、見たりしながら営業マンから話を聞くことなどは難しくないでしょうか？

これでは、顧客も不幸ですね。
当然売れない営業マンも、不幸です。
誰も幸せにはなれません。
ではどうしたらいいのでしょうか？

以下の要領で「スペック表」を適宜活用していけばいいのです。

① まずは顧客の候補商品をヒアリングしていく

② 業界のトレンドを話す

まずは、顧客のニーズを知る必要がありますので、お客様の優先順位1位をヒアリングします

顧客の優先順位の高い商品スペックを「スペック表」に、落とし込むために必ずヒアリングをしてください。

次に②に入ります。
ここでは、顧客のニーズとリンクしながら、業界のトレンドを話していきます。
当然ですが、ここでのポイントは、自社商品の優位ポジショニングと、顧客のニーズを意識してトレンドと結び付けて話していきます。

例えば、次のような形で話を進めてみてください。
住宅販売を例に挙げます。

営業「今回住宅を購入するにあたり最も優先順位の高いものなんでしょうか？」

顧客「今の住宅が寒いので、冬でも暖かい住宅が欲しいんだよね」

営業「それではその優先順位に見合った候補のメーカーの商品はどちらになりますか？」

顧客「A社の商品はCMで冬暖かい住宅だとよく宣伝しているので、気になっているんだよね。ただB社もC社もこの間モデルハウスで営業マンに話を聞いた時に冬場の電気代がかなり安くなるようなことを言ってたしな。正直、よく分からないんだ…」

営業「実は現在のトレンドは、ロシアのウクライナ侵攻などの影響から冬場の光熱費が通常の数倍とも言われ、従来の電気代からは考えられないような価格になっています。これから住宅を建てられるお客様の中では住宅の断熱性能は必須事項となっていることが多いです。断熱性能が高い住宅は、冬暖かくかつ省エネのため、体にもお財布にも優しい最高の住宅と言われております。つまりお客様がお望みの冬暖かい住宅を実現するためには、断熱性能は絶対条件となるわけです。しかし何を信じたらいいか分からないということですが、住宅の断熱性能に関して国が認定している たしかなエビデンスとそれを確認できる各メーカー商品の比較表があればご安心ですね？」

顧客「そうなんだ！　断熱性能の高い住宅は私たちにとって最も必要な要素なんだね？」

営業「それではこちらの国交省発行の資料とスペック表をご覧ください…」

自社優位のスペック表を使って優先順位を決めさせれば選ばれる

高額商品を購入目的とした場合、初めて顧客が店舗を訪れた時に、大きく分けて二つのパターンに、分かれることが多いのではないでしょうか？

一つ目は、すでに候補商品を、何点かに絞り込んで来店するパターン。

二つ目は、何がいいのかよく分からないから、まずは色々と商品を見たり聞いたりしてみたい等、方向性が定まっていないパターン。

割合は、恐らく後者の方が、多いように感じます。

こんな時に、どのようなアプローチをしますか？

ここでは、やはり営業現場で多く耳にする「何も方向性が定まっていない」パターンに絞り込んでみましょう。

たいていは、商品説明から入っていくパターンが、多いように感じますが、いかがでしょうか？

このパターンは、私の経験上どのメーカーの営業マンもだいたい同じように感じます。

そうすると、顧客の判断は、最終的には価格のより安い商品、もしくは名の通った商品に、流れていってしまうことになります。

ではどうしたらいいのでしょうか？　そうです。

まずは、顧客のプライオリティを、明確にすることが、決断への一番の近道となります。

以下のような流れで、スペック表を活用してみてください。

①　顧客の商品に対するこだわりをヒアリングをしていく

②　その商品の業界のトレンドを話す

③　上記をベースに自社優位ポジショニングのスペック表を提示

それでは、具体的なアプローチ方法を説明致します。

まず①ですが、いくら顧客の方向性が決まっていないとはいえ、おぼろげなイメージや色・デザインなどの、趣味は必ずあると思います。

そしてなにより、店舗を訪れている訳ですから、その店舗で扱っている商品の中に、何かピンとくる商品が、あるはずです。

そこを、丁寧に拾うためのヒアリングをしていくことが、顧客にプライオリティを決定してもらうために重要になります。

次に②です。

ここでは、自社優位ポジショニングが、ベースになるように業界のトレンドを話していくことになります。

そして最後に③です。

トレンドを加味した、自社優位ポジショニングのスペック表に顧客のコアニーズを、取り込んだスペック表を提示します。

住宅販売を例に挙げます。

営業「あまりこだわりが無いということですが、住宅を選ぶにあたり、①デザイン　②安全性　③価格の三つの中でどの項目の優先順位が高いですか？」

顧客「どれも必要だけど一つ選べと言われたらやっぱり価格かな」

営業「それでは価格以上に優先順位の高いものはございますか？」

顧客「うーん。無いかな…」

ここで顧客のコアニーズは、住宅価格であるということが分かりました。

そして、自社の一押し商品は、太陽光発電システムだとします。

ただこれをオプションで取り付けると価格は上がるので、顧客の選択肢にはありません。どうしたらいいでしょうか？

すでに、①の顧客のコアニーズまで把握できましたので、②からスタートします。

現在の業界トレンドを、太陽光発電ベースでより深く掘り下げて話していきます。

太陽光発電の重要性と、将来性を十分に話した後にそこに顧客のコアニーズをしっかりと盛り込みます。

営業「同じ間取りで2000万円のスタンダード住宅と3000万円の高級住宅でしたらどちらを選ばれますか？」

顧客「同じ間取りなら2000万円に決まってるよ」

営業「ではスタンダードと高級住宅の毎月の住宅ローンの支払いが同じだったらどうですか？」

顧客「そんなことありえるの？」

営業「それがあるんです！　それは太陽光発電を搭載した住宅です。実は現在の住宅トレンドのトップが太陽光発電を搭載している住宅となるのには理由があるんです。太陽光搭載住宅はイニシャルコストはそれなりにかかりますが、太陽光発電システムで作られた電気を、電力会社に売ることができると同時に自家発電設備により、自給自足の生活ができるのです。

それではこれらのことを、数字に転嫁して、２０００万円の商品と３０００万円の商品を、比較したらどうなるでしょうか？

一例ですが、35年住宅ローンで同じ金利で考えると２０００万円の住宅は毎月6万円となります。３０００万円の高級住宅は9万円となります。当然ですが、毎月3万円の差があります。

次に光熱費です。２０００万円の住宅は毎月3万円の光熱費がかかります。３００0

0万円の住宅は太陽光発電の効果で5千円の出費で済みます。

これに住宅ローンの支払いを加算すると2000万円の住宅は毎月9万円、3000万円の住宅は毎月9・5万円となります。すでにこの段階で毎月5千円の差しかありません。

当然ですが住宅価格が1000万円違いますので、太陽光搭載以外にもかなりのオプション装備が搭載されています。


さらに現在燃料費は非常に高騰しており欧州をはじめ我が国でも今までに経験したことの無いような領域に入って来ております。

最近は電力自由化などで従来の固定電気価格から変動価格を採用する顧客も少なくありません。

燃料供給が潤沢な時は価格は安くなりますが、現在のような時期は逆に価格が急騰して一般家庭の1カ月の電気代が10万円を超えるような事例も散見されております。

太陽光発電システムは自家発電設備により、これらを安定供給することで生活不安を無くすことが可能となるのです。いかがでしょうか?」

顧客「なるほど…」

ここからは、エビデンスや自社優位ポジショニングのスペック表を見れば、顧客があなたの会社の商品を、選んでくれるはずです。

スペック表を使えばファン化させることができる

顧客は、営業マンを通して営業マンが所属する会社及びその商品を理解します。

そうです。

顧客が、営業マンのファンになれば自然と会社のファンになり商品のファンになるのです。


よく憧れの芸能人や、著名人が愛用している商品などは、そのファンが購入していたりすることはありませんか？

人は、憧れている人や好意を抱いてる人が使用している商品やおすすめしている商品を、購入する傾向が有ります。

つまりは、顧客が営業マンのファンになれば、自然と会社の商品のファンになるのです。

「それができないから困っているんだよ」という声が、聞こえてきそうです。
スペック表を使えば、それができるんです。

具体的に説明致しましょう。

スペック表には、会社の商品の良い所も悪い所もすべて網羅されております。
当然、競合他社の、良い所も悪い所もすべて網羅されております。

多くの競合他社の営業マンは、自社商品の長所を話していき、短所に触れることは、ほぼ無いと言って良いでしょう。
なぜなら、会社マニュアルに、自社商品の短所を説明する方法は書かれていないからです。

ではスペック表はどうでしょうか？

自社商品と競合他社商品を、冷静に、論理的に掲載して、数値比較でき顧客自らの判断で判別ができるのです。

何度か書きましたが、顧客は比較をしたいのです。

長所も短所も、包み隠さずすべての情報が欲しいのです。

そして自分自身で判断をしたいのです。

これらのすべてが、スペック表にはあるのです。

こんなスペック表を作り、そして丁寧に説明してくれる営業マンは、顧客にとっては、唯一無二の存在です。

顧客の志向及びお気に入りのメーカーをヒアリングすることが最重要

あなたは初回接客で、顧客にどこのメーカー・どの商品に、興味があるかを質問していますか？

なんとなく聞いている営業マンは、私の知る限りで、多めに見て5割弱といったところでしょうか？　そしてさらに掘り下げてメーカー名、商品名まで聞いている営業マンになると2割弱くらいになるかと思います。

大抵は、初回接客で、顧客とのコミュニケーションを取り、距離を縮めることに重点を置くために、顧客に警戒心を持たれたり、嫌われる可能性のある話題は避ける傾向にあるようです。

よって他社批判に繋がるような、競合他社や、他社商品の話題のようなセンシティブな話題には、踏み込むことができていないと感じます。

ただ現在の顧客は、比較して納得しなければ商品を決められないのではないでしょうか。これはBtoBでもBtoCでも同じです。

特に現代は、SNS事前リサーチの情報化社会です。

1社の商品の情報だけで決めることなど、ありえないと考えて間違いないのです。

何度もお話ししてきましたが、どんなに素晴らしい接客をして、最高の提案をしたとしても、

「お宅の商品が素晴らしいのはよく分かった。他も見てから決めるよ」

と言われてしまうことも増えました。

たしかに競合他社商品の話を聞いて戻ってきてくれる顧客は、何人かいるかもしれません。ただ、自社商品の話をした後に、その情報を顧客が競合他社に話してしまったり、資料などを見せてしまったとしたら、どうでしょう？

競合他社の立場で考えてみてください。

顧客がいきなり「〇〇メーカーを見てきて、かなり気にっているんだよね」と、おもむろに競合他社商品の資料を、あなたに見せてくるわけです。

その上で、

「〇〇メーカーの、ここが合わないいんだけど、お宅ではどう？」

「〇〇メーカーの、ここはとても気に入っているんだけど、お宅でもできるの？」

と言われたら、顧客のニーズを汲んで話をすれば契約が獲れやすくなるでしょう。

「競合他社の手の内」と「顧客の志向」の両方が労することもなく、転がり込んでくるのですから、優位に話が進められます。

また、上司や仕事のできる先輩社員に、同席を頼めば主導権を握り、契約もできてしまうでしょう。

もうお分かりですね？

初回接客で顧客の志向をヒアリングしておかないと、顧客が他社に流れた場合、他社に顧客を奪われてしまう可能性も高くなってしまうのです。

ただ、逆に言えば、「競合他社名を聞くこと」これこそ「武器としてのスペック表」の最重要ヒアリング項目なのです。

ただし、この戦略を最も効果的に活用するためには、「初回接客」で競合他社の名前を聞くことが必須となります。

なぜなら、初回接客は、唯一、顧客との距離感が適度に保たれており、中立的な立場で、業界のトレンドを話すことが許されるタイミングだからです。

このタイミングであれば、顧客もあなたからいきなり商品を売り込まれることも、契約を迫られることもないと考えているため、あなたの話をしっかりと、聞いてくれるのです。

だから、「まずは顧客の志向及びお気に入りのメーカーをヒアリングすることが最重要」

なのです。まさに「敵を知り、己を知れば百戦殆うからず」です。

それができれば「武器としてのスペック表」を、最高のタイミングで活用することができるのです。

初回でスペック表を活用できれば当日クロージングしても大丈夫

あなたは、初回接客で、顧客にどんなアプローチをしていますか？

まずは、コミュニケーションをとり、距離感を縮めるための雑談ですか？

私が見てきた営業現場では一般的な営業マンはそういった感じのアプローチが多かったように思います。


そこで質問です。

初回接客でクロージングをかけていますか？


そしてクロージングするために、必要な要件はなんですか？

ずばり、「予算・顧客のニーズ・他社比較」この3大要件がクリアになった時です。

「でも、その3大要件を、初回接客で満たすことなんてできないのでは？」

と言われそうです。

実はスペック表を、上手に活用することができれば、当日クロージングが可能になるのです。

まずなぜ初回接客でクロージングすることが必要なのかを、お話ししたいと思います。

SNS等でのリサーチが当たり前の昨今、顧客はある程度金額の張る商品を購入する場合に、何もリサーチせずに店舗を訪れることは今や少ないと思います。

営業マンのアプローチも予想できるため、高額商品であればあるほど顧客もある程度、情報を調べ来店します。

顧客は、興味の無い会社やメーカーの店舗を訪れて、強烈な営業をかけられたり、無駄な話を聞かされることに、時間を取られたくないのです。

初回接客は、顧客がSNSリサーチやネット検索である程度絞った上で訪れる、確度の高いタイミングと考えて良いのです。

その「タイミング＝クロージング」なのです。

ですから、初回接客でクロージングすることは、売れる営業マンにとってマストです。

そして、初回接客で、クロージングをかけるための、最強ツールこそがスペック表なのです。

スペック表では、先ほどの3大要件「予算・顧客のニーズ・他社比較」を、すべて解決することができるのです。

まず予算を、スペック表で比較します。

価格差がここで明白になります。

自社商品と、競合他社のランクが、明確になります。

そして、顧客のニーズのヒアリングに入ります。

ここで、顧客ニーズが自社商品とずれていた場合は調整をして、自社優位ポジショニングを創り上げていきます。

そこで顧客が、腹落ちした段階でスペック表を活用していけば良いのです。

後は「武器としてのスペック表」が、勝手にクロージングをかけてくれます。

スペック表で顧客の課題が解決できれば後はクロージングで勝つだけ

今まで説明してきた来社・来店パターンの他に、顧客が「現在不便を感じていること」や「困っていること」があり、それらを商品購入を通じて解決できないか、というようなことから来店されることはありませんか？

そんな時に、どんなアプローチをしていますか？

はっきりと申し上げますと、ここが契約が結べるかそうでないかの最大のポイントになっているのです。

実は、トップのセールスマンはこの最大のポイントを、決して逃がすことはありません。

というよりも、このタイミングをいつも狙っているから、即座に対応することができるのです。

逆に売れない営業マンは、ただ相槌を打っているだけで、その課題に対して、全く深掘りしようともせずに、すぐに自社商品のアプローチに入っていきます。

わざわざ顧客から、課題を提起されているにも関わらず、相槌すら打たずに、世間話などに入っていく営業マンもいました。

ですから、まずはこの事実を、認識することが非常に重要になります。
そしてその課題に対しての自社商品のアプローチが非常に重要になります。

話が少しそれますが、以下のパターンであなたはどちらを選択しますか？

Aパターン

① ノーリスクで、1万円勝てるパターン
② 80％の確率で、1万2000円勝てる。しかし20％の確率で1万2000円負けるパターン

このパターンだと、ほとんどの方が、①を選ぶことが多いと思います。

Bパターン

① 100%の確率で、1万円負けるパターン

② 80%の確率で、1万2000円負ける。しかし20%の確率で1万2000円勝てるパターン

このパターンだと、ほとんどの方が、②の賭けに出るのではないでしょうか。

心理学のプロスペクト理論では、人間は得する喜びよりも、損することへの喪失感の方がより強く感じると言われています。

これは営業の世界でも、全く同じことが言えるのです。

以下のパターンで解説致します。

顧客がまだ使える洗濯機を買い換えるかどうか迷っているとしましょう。

① この洗濯機は省エネ商品で、光熱費が年間1万円もお得になります。

② 今の洗濯機を使い続けると、年間1万円損が出ます。この省エネ洗濯機なら、その1万円を節約できます。

いかがですか？

①のパターンは、省エネを全面に出して、アプローチしていきますが、②のパターンでは、まずマイナス面を顧客に認識してもらい、自社商品をその問題解決のための商品として、アプローチしています。

②の方が、顧客の心に刺さる提案だと思いませんか？

顧客から課題提起された時にプロスペクト理論などの心理学を活用するのも一つの手です。

顧客が現状に不満・マイナスを感じている時こそ千載一遇のチャンスなのですから。

高額商品の購入になると、顧客から課題提起をしてくることは非常に稀です。

なぜなら、住宅等のように初めて購入する機会が多いものや、高額商品のために慎重になっており、営業マンのアプローチに対して警戒心を強く持って来店していることも多いからです。

そんな時にこそ、顧客から十分なヒアリングで問題点を導き出すか、自ら業界の問題点、その類似商品購入にあたっての、スペック性能の短所などを十分にアプローチをしていく必要があります。

そして、その問題点を、解決することができる唯一無二のスペック性能の話をしていくのです。

第5章

常勝営業のトークスクリプト

最後に、実際スペック表を使った営業現場での話の実践例をお伝えしましょう。
今まで話してきたように、顧客に信頼を寄せていただく、比較をしていただくツールがスペック表です。

あくまでスペック表はツールとして使ってください。顧客に信用される要素として最重要なのは、営業マンの人柄であることは間違いありません。

ただ、私の肌感では勤勉な日本人に「人柄がダメ」な営業マンは少ないように思います。
そして、もし人柄がダメなのであれば、すぐに淘汰されてしまいます。
そもそも本書を読む前に会社から指摘も入っているでしょう。
ですから、人柄云々を本書では議論しません。

誠実な、勤勉なだけでは「売れる営業マン」にはなれないので、私は本書を執筆しました。

売れるには戦略が必要で、スペック表を使うことを本書では提案し、そして、それを使うタイミングもお伝えしました。

最後はそれらを実際の事例をもとにお伝えして理解度を深めていただけたらと考えています。

私が経験した営業現場でよくあった事例をもとに最後はトークスクリプトに落とし込んで、お話しします。

実例は住宅販売のものになりますが、ケースとしては、他業界でも通じるパターンを掲載しました。

ご自身の業界に置き換えてみてください。

①なんとなく購入を考えている顧客のケース

顧客「ただ将来的に家が欲しいと漠然と考えてモデルハウスに伺っただけですから特にこだわりとか聞かれても…」

（まずはパーソナルデータを聞き出すことが必要不可欠）

営業「**仮定の話**ですが、住宅を購入する時は現金一括もしくは住宅ローンのどちらで考えられますか？」

顧客「もちろん住宅ローンを組む予定です」

営業「そうですよね、では住宅ローンに関して質問です。仮にお客様が気になられた住宅が3000万円だとします。住宅ローンの金額は毎月9万円です。どう思われますか？」

顧客「9万円なら今支払っている家賃の金額と同じですね」

営業「ありがとうございます。ただ3000万円を金融機関から借り入れするためには審査があり、お客様が払えそうだと思われても借りられないケースがあるのです」

顧客「そーなんですね。ではどうすれば？」

営業「はい、金融機関の事前審査をすることによって借り入れ額を算出することができます」

顧客「そーなんだ。ただ、今はまだいいや」

営業「金融機関の審査による計算式は私どもでも分かりますので、10分程いただければご年収などから借り入れ限度額を出すことができますよ。将来のためにも知っておいても損はないかと思いますがいかがですか？」

顧客「本当に10分でできるの？　でも今はまだ住宅を購入する予定は無いけどそれでもいいの？」

営業「もちろんです。将来のために是非算出してみましょう！」

顧客「それならお願いします」

営業「それではまずはこの用紙にご記入をお願い致します」（年収・勤務先ｅｔｃ.）

（ここでパーソナルデータのヒアリングが完了）

営業「それでは次に金融機関の選別に入ります」

顧客「どういうこと？　借り入れするとしたら給与振込先の銀行とかが都合がいいんだけど…」

営業「もちろんそれが一番楽でいいかとは思うのですが、金融機関によって借入限度額や金利などがかなり変わってくることはご存知ですか？」

顧客「なんとなくは…でもそんなに違いがあるの？」

営業「そうなんです。A銀行では3000万円が借り入れ限度だったのに、B銀行では2800万円なんてこともあるんです。しかも金利差によって同じ借り入れ額なのに毎月の返済額にも差が出てくるんです。実際に35年で100万円以上の差が出てしまうこともあります。こちらの比較表をご覧ください」

銀行名	A	B	C	D
毎月	9万1,000円	8万4,000円	9万9,000円	10万7,000円
金利	1.5%	1%	2%	2.5%
3大疾病	有	有	有	無
審査金利	当月金利	3%	3%	3.25%
保証料	0.5%	1%	1%	1%

顧客　「そんなに！　知らなかった…。でも自分に一番合った金融機関を探すのなんてどうしたらいいんだろう…」

営業　「こちらの金融機関スペック表をご覧ください」

◉重要ポイント

本気度が高くないようにみえる顧客であっても、将来的に顧客になる可能性はあります。

また、ちょっとしたきっかけで、高額商品でも購入意欲が高まることもあります。

ですから、「ちょっと立ち寄っただけ」とか「まだ詳しく考えていない」などという言葉はチャンスに満ち溢れていると考えてください。

そして、店舗に来るという行為自体が「家をゆくゆくは買いたい」という意識の表れでもあります。初回で信頼を勝ち取るチャンスです。

重要なのは冒頭で話している仮定の話。顧客に家を買うことのイメージをさせることで、こちらの話を聞く準備をしてもらえます。

こういった話を抜きにして、いきなり商品の話をしても、心理的な壁は高くなりますし、スペック表を見てもらう前に商談をクローズされてしまう可能性が高いのです。

②すでに候補を絞り込んでいる顧客のケース

顧客「Aハウスか B 工務店で建てたいなと思っています」

（まずは候補の理由とコアニーズをヒアリング）

営業「**AハウスとB工務店で建てたい理由は何ですか？**」

顧客「Aハウスは外壁がとても強くて長持ちするからです。B 工務店は構造躯体が強くて長持ちするからです」

営業「そうなんですね、**お客様は強くて長持ちする住宅を建てたいと**考えていらっしゃるんですね？　つまりは地震などの災害に強くて長持ちする住宅ということですね？」

顧客「そういうことになりますね」

（ここまでで候補の理由とコアニーズのヒアリング完了）

営業「ところでお客様はＡハウスとＢ工務店の商品が他のハウスメーカーに比べて強くて長持ちする外壁や構造躯体であるということを、どちらでお知りになったんですか？」

顧客「それはＣＭでもよく見かけるしそんなイメージが強いから。あ、そうそう営業の方もウチのメーカーが一番だって言ってたし」

営業「そうですか。ではその強さと長持ちを他のメーカーと比較したデータや公の資料などは見られましたか？」

顧客「Aハウスと B工務店の資料は見たけど他のメーカーまでは見てないかな？ それに公の資料っていったってそんなのどこにあるの？ それに何の意味があるの？」

営業「どこのメーカーも自社商品に関しては細かく説明しますが、他のメーカー商品に関してはさわり程度ですよね？ それでは当然公平な選別はできません。公のデータつまりは国が認定している耐震等級などであれば地震に対しての構造躯体の強さ等を数値に置き換えて分類したりしています。それらの等級のグレードが高い商品などは住宅ローン金利で優遇を受けることもできたりするのです」

顧客「そーなんだ…。本当にAハウスとB工務店で大丈夫なのかな？」

営業「もちろんAハウスとB工務店は素晴らしい会社だと思いますが、まずはこの資料をご覧ください」

◉重要ポイント

顧客がどこから情報を仕入れているか確認しましょう。大概はＣＭやＳＮＳやインターネットからの情報です。

ただ、こういった情報は断片的かつ、エビデンスの無い可能性もあります。またえてして他社のメーカーとの比較が無いものも多いです。

しっかりとしたデータを顧客に見てもらうためにも、顧客の情報ソースを分析する必要があります。

メーカー別仕様一覧表

メーカー		自社		Aハウス		B工務店	
商品		至高の家	スペシャル	マイルド	カナディアン	ゼロックス	ウッド
工法		耐震工法	断熱工法	バランス工法	カナディアン工法	鉄骨	木造
構造材		国産ヒノキ	集成材	輸入材	輸入材	鉄骨	集成材
地震対策		免振	耐震	耐震	制震	制震	耐震
耐震等級3の可否		3		3		2	記載無し・不明
断熱等級		7	5	4		3	3
断熱材	外壁	ウレタン	ウレタン	グラスウール	グラスウール	ロックウール	ロックウール
	天井	同上	同上	同上	同上	同上	同上
	床	ウレタン	ウレタン	ウレタン	EPS	ロックウール	EPS
開口部（窓）		ペア		ペア	シングル	シングル	シングル
換気システム		セントラル	セントラル	第一種	第一種	ー	ー
フィルター		花粉症対策		花粉症対策		一般的	記載無し
冷房		全室標準	4台	セントラル空調		1台	
長期保証		30年間		30年間		最大50年保証	

③ 金額を最優先している顧客のケース

顧客「今の住宅はどこを選んでもそれなりに設備は最新の物が付いていていて地震にも強いだろうから、やっぱり金額が安いに越したことはないなー」

（ここで否定してはいけません。顧客の話をよく聞いてそれぞれのパーツに分解して数字に転嫁していきます。パーツは住宅金額・設備・地震の3点セットです）

営業「そうですね。お客様は現在の住宅における家賃と光熱費を合わせると毎月いくらくらいの支払いになりますか？」

顧客「そうだね家賃9万円で光熱費2万円位かな？」

営業「ありがとうございます。戸建て住宅の場合その他にメンテナンスコストや税金などもかかりますね」

顧客「そうだよね。だから安い住宅があるといいなぁと思っているよ」

営業「ちなみに同じ間取りで3000万円と2000万円の住宅でしたらどちらを選ばれますか？」

顧客「2000万円の住宅に決まっているよ」

営業「そうですよね。普通はそう考えますよね。同じ金利で35年ローンを組んだ場合2000万円の住宅は毎月6万円、3000万円の住宅は毎月9万円の支払いが生じます」

顧客「あたりまえだよ」

営業「しかし先ほどもお話ししましたように戸建て住宅の場合住宅ローン以外に光熱費やメンテナンスコスト・税金などがかかります。実はそれらを加味していった場合2000万円の住宅と3000万円の住宅のコストの合計が逆転してしまう商品があるんです」

顧客「そんなこと本当にあるの?」

営業「はい。あるんです。それではこちらの住宅コストに関する比較表をご覧ください」

◉重用ポイント

顧客の話をしっかりと傾聴し、最初に否定をしないことが超重要です。

どんなにいい情報やスペック表を持っていても、相手の気分を害してしまえば、使う間もなく商談は終わってしまうでしょう。まずは傾聴し相手が考えていることをしっかりと

シミュレーション情報
建物施工面積　約30坪
住宅ローン　期間35年
変動金利　0.4%

	A社（低価格住宅）	B社（大手）	自　社
ローン	住宅ローン 2000万円	住宅ローン 3500万円	住宅ローン 3000万円
光熱費	35年間合計 約1000万円	35年間合計 約800万円	35年間合計 約**500**万円
太陽光	35年間合計 約0万円	35年間合計 計 約200万円	35年間合計 約**700**万円
メンテ	35年間合計 約800万円	35年間合計 約600万円	35年間合計 約**100**万円

※3社以内であれば右端に配置すると目立つ

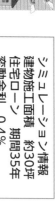

ヒアリングしましょう。どうしても自分が話したくなる時こそ「そうですね」と相槌を打ってみてください。

「話を聞いてくれる」という印象を持たれれば、相手もどんどん話をしてくれて、それに合わせてこちらも答えていき、スペック表を出していくタイミングが得られるはずです。

④ 顧客の要望するニーズと自社の強みが違うケース

（ここでは顧客のニーズを取り入れると共に、現在のトレンドに気づいてもらい、そのトレンドの優先順位を上げていき、自社商品をトレンドに結び付け、自社優位ポジショニングを創る）

顧客「Aハウスのリビングは最高だよなー。お宅でもできるの？」

営業「Aハウスのリビングは確かに素晴らしいですね。当社でもある程度は取り入れることができます。ご提案をするにあたり他にお客様のこだわりは何でしょうか？」

顧客「そー言われてもなー」

営業「ところで、最近はロシアのウクライナ侵攻等の影響で光熱費が異常に高騰して、特に電気代などは1カ月で10万円かかったなんてニュースが流れていましたけど、新築住宅を検討されている方には対岸の火事ではないですよね？」

顧客「そーなんだよね。実はそれもかなり気になっていて、今の住宅はアパートだけど、今までは電気代が月1万円だったのが、先月は2万円を超えたのでびっくりしたよ。これがより広い坪数の戸建て住宅だったらと思うとぞっとするよ」

営業「もしかしたらAハウスのリビングより大切なことかもしれませんね」

顧客「大切に決まってるよ。さっき聞いたけれど、リビングのイメージをそれなりに合わせることはできるんでしょ？」

営業「おっしゃる通りです。それではまず住宅メーカー別のリビングイメージの間取りと光熱費比較表があるのでこちらをご覧ください」

◉重用ポイント

一番大切なポイントは何かということをさりげなく顧客に思い出してもらうことが大切です。そして、重要なのはトレンド。メディアが出す情報というのは、ニーズがあるから出しています。ということは、ある程度その話をすることで、顧客とのリレーションを作れるきっかけになるということでもあります。

ですから、トレンドを意識してもらいそこから、自社の強みと顧客の考えをマッチさせていくことができるということも選択肢として持っておきましょう。

相手の話を引き出すキラーワード

①顧客の職業を引き出す（合っていればOK　間違っていれば相手は自分の職業や職位を話す）

・**もしかして会社経営者の方ですか？**

②初対面でストレートな質問（実は顧客の本音を引き出しやすい）

・**本日はご来店ありがとうございます。ご来店の目的は何ですか？**

③動機を引き出す

・**現在の○○でお困りのことは何ですか？**

④ 希望のイメージを引き出す

- **こちらの○○はいかがですか？**

⑤ 趣向を引き出す

- **別のメーカーさんでお気に入りの仕様は何ですか？**

⑥ 決裁者を特定する（合っていればＯＫ　間違っている場合は顧客自身が決裁者である可能性が高い）

- **今回のお話をご両親はご存知ですか？**

⑦ 優先順位を引き出す

- **予算・デザイン・性能で一番重要度の高い項目は何ですか？**

⑧ 競合他社を引き出す

- **当社以外に気になるメーカーはございますか？**

⑨　資金計画・年収を引き出す

- **なぜその御予算で○○されたいのですか？**

⑩　優先順位を引き出して提案を絞り込む

- **○○、●●のどちらを優先されますか？**

⑪　希望のスペックを引き出す

- **なぜそのメーカーの商品が良いとお考えですか？**

⑫　顧客の最優先事項を引き出す

- **今回の○○にあたって絶対に譲れないものは何ですか？**

⑬　テストクロージングで顧客の本音を引き出す

- **これが解決できれば当社でご契約いただけますか？**

⑭ 要望のスケジュールを確認する

- **新しい○○をいつ頃までにお望みですか？**

⑮ 生活レベルと予算組を引き出す

- **現在毎月○○においくらほど、お支払いになられていますか？**

⑯ ピンポイントの提案に繋げるために引き出す

- **この○○のイメージはお好みですか？**

おわりに

最後まで読んでいただき、誠にありがとうございました。

「武器としてのスペック表」の威力は、十分にご理解いただけましたでしょうか？

おさらいですが、以下が「武器としてのスペック表」を活用して最終的に「意思決定と選択権」を委ねる基本スキームです。

① まずは顧客ニーズをつかむ
② 業界トレンド＝自社商品スペックを繋げて、アプローチする
③ 顧客ニーズが他社商品寄りの場合は、それ以外のスペックを見てもらい検討を促す
④ 自社優位ポジショニングが完成する
⑤ スペック表で自社商品を顧客自らが選ぶ

「武器としてのスペック表」を使い、前述のスキームを営業ルーティンとすることができ

れば、すべてのビジネスにおいて、ほぼイニシアティブを握ることができると思います。

現在の日本社会において、日本のビジネス競争力は下降の一途を辿っております。かつての高度成長期を支えた、「ものづくり日本」の姿はもはやレガシーになりつつあります。

成長期にあった時代は、ものを作ればよく売れました。

さらに、性能の良い商品であれば飛ぶように売れ、日本製品が世界中を席捲しました。そしてその後「ｍａｄｅ ｉｎ Ｊａｐａｎ」のロゴは世界で高く評価されてきました。しかしバブル期が終焉を迎え、平成〜令和時代の「新時代」に入ると、経済後進国であった近隣アジア諸国の、低賃金を基軸とした大量生産、低価格の時代に突入しました。

一部の企業は、いち早くそれに気づき、海外へ投資して著しい飛躍を遂げることができました。しかし国内のかつての大企業のほとんどは、海外勢に飲み込まれ主役の座を、中国や韓国などの企業に奪われてしまったのです。

欧米などの諸外国は、大陸で地続きでいつでも他国との競争にさらされています。半面日本は、国土を広大な海に囲まれガラパゴス的な成長を、遂げてきました。

世界の共通語である、英語を操れるビジネスマンがマイノリティの国は、日本位でしょう。

そんな中で、日本のビジネスマンの未来が、明るいはずがありません。

今後の日本がビジネス分野で、国際競争力を早期に回復していくためには、国内にビジネスマンのための大学を国として設立して、社会の仕組みに加える必要が急務であると感じます。

特に「営業」という分野において、国際競争力を付けていくことができれば、日本も必ずや、かつての栄光を取り戻せると確信しております。

最近の急成長しているベンチャー企業の若い経営者の方は、ほぼすべての方が「営業力」に長けています。経営力とは、競争力を持ち合わせた交渉力であり、コミュニケーション力であり、それこそがまさに「営業力」なのです。

謝辞

私が、今回この本を出すにあたり、基盤となったのはやはり現在の会社で30年近くに渡り、様々な経験や責任の伴う仕事を任せていただけたことに他なりません。

現職でなければ決して本を出版することは、叶わなかったと思います。

本当に感謝しかありません。

そして、この本を出版するにあたり、様々な方にアドバイスやご協力をいただきました。

本当にありがとうございました。

特に出版プロデューサーの松尾昭仁さんをはじめ関係者の仲間たちには、感謝しかありません。そして自由国民社の編集長　三田智朗さん本当にありがとうございました。

最後に私の家族にも一言、本当にいつもありがとう。

2023年6月吉日

堤　一隆

■ 著者プロフィール

堤　一隆（つつみ かずたか）

株式会社 一条工務店所長

大学卒業後に22歳で入社した会社で、ゴルフ会員権売買営業を5年間経験。

27歳の時に自身の営業スキル向上を目指し、あえて営業の世界で最も難しいとされる戸建て注文住宅販売の世界に飛び込む。一条工務店では、2年目から全国営業ランキングトップ50の常連となり、トップセールスとしても活躍した。プレイングマネージャーを15年経験し、今年でマネージャーになってから14年目となり、一条工務店では最速で所長に昇進。営業マン時代に確立した「シンプル＆速攻性がある独自の営業メソッド」を、部下に指導している。

武器としてのスペック表

2023年7月21日　初版第1刷発行

著　　者　堤　一隆

カバー＆イラスト　和全(Studio Wazen)
本文デザイン・DTP　株式会社シーエーシー

発 行 者　石井　悟
発 行 所　株式会社自由国民社
〒171-0033　東京都豊島区高田3丁目10番11号
電話　03-6233-0781（代表）
https://www.jiyu.co.jp/

印 刷 所　株式会社光邦
製 本 所　新風製本株式会社
企画・協力　松尾　昭仁(ネクストサービス株式会社)
編集担当　三田　智朗